领导的艺术

LEADER

张一弛◎编著

中国商业出版社

图书在版编目（CIP）数据

领导的艺术 / 张一弛编著.—北京：中国商业出版社，2015.12

ISBN 978-7-5044-9224-1

Ⅰ.①领… Ⅱ.①张… Ⅲ.①领导艺术 Ⅳ.①C933.2

中国版本图书馆CIP数据核字（2015）第317596号

责任编辑：朱丽丽

中国商业出版社出版发行

010-63180647 www.c-cbook.com

（100053北京广安门内报国寺1号）

新华书店总店北京发行所经销

北京毅峰迅捷印刷有限公司印刷

*

635×965毫米 16开 14印张 221千字

2016年6月第1版 2016年6月第1次印刷

定价：36.80元

* * * *

（如有印装质量问题可更换）

前 言

PREFACE

成功的领导者往往是成于管人，失败的领导者往往是败于管人。对一个领导者来说，如果他能管好人，就能把企业经营得风生水起。

领导者对于下属的管理是非常重要的，只有将下属管好了，下属才会对工作有一个良好认真的工作态度，才会高效、认真地完成上司下达的工作任务。所以说，管理的核心就在于领导者的管理艺术：只要领导者搞定了自己的下属，那么搞定工作、做好自己的事业就不成问题了。

对领导者来说，你凭什么让下属为你卖命呢？这就需要你学会领导者管人的艺术。

杰克·韦尔奇是著名的管理大师，他曾经说过一句名言："最好的管理方式就是少管。"他一向比较推崇简单的管理模式，建议领导者多放权、少管制，多给员工一些自由的空间让其发挥积极性和创造性。怎样才能实现简单化管理，怎样才能管得少呢？答案也是领导者掌握管理员工的艺术。

管人要先管住人的心，让下属真心地追随你拥护你、为你做事。这是领导艺术的基本前提。作为一个领导者，树立威信打造自身的形象是非常重要的，因为扩大自身的影响力比权力更可靠，领导者可以制定科学合理的制度给员工最基本的约束。

要想做一个优秀的领导者，就需要懂得如何才能够化解企业内部的矛盾与冲突。这是领导者的一项基本职责，只有公平、公正地解决员工之间的矛盾和冲突，才能够营造一个良好的工作氛围，从而保证团队的高效运转。

领导者还要掌握一定的智慧和批评的艺术，能够让下属发挥出自己最大的潜能，有效的激励可以让企业不用下血本，但一样可以赢得员工的芳心，让下属对自己忠心耿耿。

当然，领导的技巧还有很多，本书为领导者如何对员工进行有效的管理提炼出12个法则，将从实处、细节上引导企业领导者掌握具体的领导能力和技巧，全面而深刻地将领导的思想贯穿到实际的管理中。

当你掌握了领导者的艺术，那么再复杂的管理工作也会马上变得简单轻松起来。本书涉及到领导艺术的方方面面，简单直接而深刻实用，让领导艺术不再成为一种优美的言辞，而是一种实实在在的力量。

编　者

目 录

CONTENTS

第一章
塑造好领导形象，举手投足间皆显领导风范

第二章
领导者脾气小一点，下属心甘情愿地追随你

第五章
得饶人处且饶人，对下属要多一些宽容心

第六章
掌握激励的技巧，满足下属的心理需求

第七章
不压服而要说服，上下沟通一定要以理服人

第八章
不同下属不同对待，做人人服从的千手观音

第九章
用制度约束下属，让管理有法可依少争议

第十章
维稳工作要做好，化解矛盾冲突不伤员工心

第十一章
打造优质团体，下属归属团队才能归属自己

第十二章
绕开管理的雷区，让追随你的下属越来越多

第一章

塑造好领导形象，举手投足间皆显领导风范

形象能够使好的领导得到下属的尊重、认可和佩服。所以，要想成为下属愿意追随的领导者，就要有一个良好的领导形象：外表、品行乃至一言一行都要体现出领导者的风范。但好的领导形象并不是天生的，而是领导者自身塑造的结果。

下属喜欢有影响力的领导者

在企业中，下属喜欢有影响力的领导者。领导者的个人影响力不仅是领导才能的一种反映，更是凝聚人心、激励斗志、带领队伍完成任务的重要保障。领导者的影响力能让自己在团队中充满威信，能影响下属的行为。所以，懂得领导艺术的人，除了学习领导才能外，还需要注意让自己拥有与众不同的影响力。

泰国曼谷东方饭店曾4次被美国《国际投资者》评为“世界最佳饭店”，这个饭店有一个十分出色的总经理——法伊特尔。他在泰国是个很有声望的人，曾被泰国秘书联合会数次评为“本年度最佳经理”。正是在他的管理下，曼谷东方饭店蒸蒸日上、佳誉满天下，他个人的形象在下属中也是有口皆碑的。

法伊特尔的管理秘诀就是“大家办饭店”，他把东方饭店当成一个大家庭来经营。在饭店内部，除了有一套行之有效的管理制度之外，法伊特尔的个人魅力也起到了十分重要的作用。作为饭店的总经理，作为饭店的最高负责人，法伊特尔从来不摆架子，他对每个员工都十分和蔼。无论遇到什么样的困难，员工都可以直接和法伊特尔面对面地交流。

在东方饭店，从看门人到出纳员，每个员工都充满着荣誉感。在这里，员工不仅有丰厚的工资，还有丰富的福利待遇，比如，免费就餐、年终红包、职业保险、年休假、紧急贷款、医疗费用等等。

在管理企业中，法伊特尔十分重视感情交流，他经常为员工及其家属举办各种活动，比如，生日舞会、运动会、佛教仪式等等。

法伊特尔让各部门之间、员工之间、上下级之间有了更多的交流和接触，大家的距离就拉近了，这对提高员工的工作积极性、融洽彼此的关系、凝聚团队人心起到强大的推动作用。

领导是一门艺术，领导者的个人魅力在管理艺术中起着重要的作用。很多人认为，有影响力的领导者必须有知识、有学问、有铁血手腕、有手段，但实际上，真正高明的领导者不会以拥有这些为荣。相比之下，他们更重视用个人的修养、亲民、和蔼的姿态，表达对员工的尊重和重视，使员工感受到被尊重、被信任，从而凝聚人心。当领导者具备了这些特质时，他的团队成员就会紧密团结在他周围，形成一个气场强大的团队。

唐太宗李世民，我们不仅要用优秀来形容他，还要用“个人魅力强大”来形容他。早在当秦王时，虽然他的地位不及兄长李建成显赫，但是他以独特的个人魅力，吸引了众多能人志士追随。当他登上皇位之后，满朝文武，智者云集。后来，他们在李世民的带领下，打造了一个“贞观之治”。

在位期间，李世民从来不像其他权贵一样发号施令、玩弄权术，而是以身作则，为文臣武将做出示范。行军时，他与士兵同甘共苦，把属下视为知己；打仗时，他不畏强敌，冲锋在第一线；决策时，他不独断专行，善于倾听他人意见，通过集思广益来制定策略。正是因为这些超凡脱俗的个人魅力，李世民才能让一群桀骜不驯的草莽豪杰心甘情愿地臣服于他，并终生为他效力。

作为领导者，你的个人影响力与下属对你的态度有直接的关系。如果你的影响力够大，大家就容易在你的影响下和你抱成一团，凝成一股强大的力量。领导者的影响力不是天生的，完全可以通过实践来培养。

一般来说，领导者可以在以下几点上努力修炼自我。其一，作为领导者，最应具备的就是正直、行事光明磊落、有责任感、有担当。其二，要有独特的风格，如果领导者没有自己的风格，就很难出类拔萃。这种独特的风格，不是处处张扬、标榜自我，而是一种适合于己、业已成熟、便于识别、行之有效的行为方式。其三，以身作则。以身作则的重要性不言而喻，通过以身作则，可以形成上行下效的良好团队氛围。其四，有睿智的头脑。领导者是决策者，必须要有睿智的头脑，想问题、做决策应有理有据、有条有理，尤其是在遇到棘手的问题时，要冷静地思考，泰然处之，而不能慌不择路，这样才能聪明地处理问题。其五，要有渊博的学识、学习的心态。一个有影响力的领导者，应该是一个爱学习、有学识的人，同时，他还拥有丰富的管理经验，懂得虚心请教、耐心倾听、乐意与下属交流。这样不但可以让领导者扩充学识，还能使他们显得有亲和力、谦逊、温和。

总而言之，领导者想让下属喜欢自己，就应该打造好个人的影响力，从以上几个方面去努力，不断地提升自己、完善自己。这样一来，你就能让所有的下属尊重你、追随你。

领导者要有让人追随的魅力

法国著名的将军戴高乐曾经说过："如果一个领袖具有神秘的品格和威风，他就能够有威信；如果他能够把威信和吸引人的魅力结合起来，那么他就能够有权威；如果他能够在权威之外还有预见，那么他就能够成为使历史发生变化的极少数领袖中的一个。"

在戴高乐的这段话中，魅力是领导者最重要的品质，有了这种非凡的品质，领导者就能时刻赢得追随者。赢得的追随者越多，领导者的个人魅力就会越大。而一个领导者若想让自己有魅力，就要依靠自己的个性和能力来赢得追随者。

一般来说，领导者是企业的代表，领导者的个人形象是社会大众了解企业的窗口，领导者的人格魅力就是企业的形象。当一个企业的领导者形象出了问题时，企业的整体形象也会受到损害。反之，当企业领导者拥有独特的人格魅力时，不仅企业的知名度和美誉度会随之提高，领导者更会收到很多人的拥戴。

在企业里，一个被人喜欢的领导者，一定有着独特的人格魅力。当今国内外知名的企业家有很多这样的人，如通用公司的杰克·韦尔奇、微软公司的比尔·盖茨、海尔集团的张瑞敏、联想集团的柳传志和阿里巴巴的马云等等，他们不仅在企业内部被下属拥戴，更在社会上有不少喜欢他们的粉丝。

想一想，为什么全世界的精英都想去微软公司一展身手？这在很大程度上是因为，微软公司及其领导者本身魅力的吸引。微软公司的创始人比尔·盖茨中途退学，在他的经营下，微软公司从一家小公司发展成为全球最大的软件公司，比尔·盖茨的勇气、魄力、能力等，都是能引起下属膜拜的地方，甚至很多人觉得在比尔·盖茨麾下工作，是一种无上的荣耀——这就是领导者魅力的巨大作用。

联想集团的创始人柳传志就是一个有魅力的领导者，他把“其身正，不令而行”这句话挂在办公室的墙上，以此来激励自己。柳传志说过：“创业的时候，我提供不了那么高的报酬，怎么吸引人才？就凭着我多干、能力强、拿得少，来吸引住更多志同道合的老同志。”这句话充分展现了柳传志个人魅力对人才的吸引力，企业在创立之初，无法给员工提供高报酬，但柳传志却能身先士卒，多干、少拿，并且他的能力强，大家有目共睹，大家觉得跟着他干有前途，自然愿意跟在他身边。

下面这段话，从某个角度也能反映出柳传志的领导魅力。

柳传志说：“要部下信你，还要有具体办法，要通过实践证明你的办法是对的。我跟下级交往，事情怎么决定有三个原则：同事提出的想法，我自己想不清楚，在这种情况下，肯定按照人家的想法做。当我和同事都有看法，分不清谁对谁错，发生争执的时候，我采取的办法是，按你说的做，但是，我要把我的忠告告诉你，最后成功与否要有个总结，你做对了，表扬你，承认你对，我再反思我当初为什么要那么想；你做错了，你得给我说明白，当初为什么不按我说的做，我的话，你为什么不认真考虑。第三种情况是，当我把事想清楚了，我就坚决地按照我想的做。”

身为公司的领导者，大部分都有过做下属的经历，在你选择一家企业时，什么因素最吸引你？工资待遇？工作环境？晋升空间？还是事业前景？对于一个目光远大的人来说，肯定会选择事业前景，而跟随一个有魅力的领导者打天下的时候，市场前景是最光明的。这一点在很多历史人物身上，都有很好的体现。

常山赵子龙一开始追随袁绍，但是不被袁绍重用，于是转投白马公孙赞，但是他后来意识到公孙赞能力不够，跟着他没有什么前途。直至遇到刘备，他才觉得遇到了明主，从此便跟随刘备南征北战，创业打天下。

我们不得不承认，领导者的魅力对感召下属的重要性。我们可以举一个例子。两家实力相当的公司看中了一个人才，给出的待遇也差不多，其中一家公司的领导者涉嫌偷税漏税、走私，还有克扣员工工资的劣迹，而另一家公司的领导正直廉洁，多次受到媒体的褒奖，试问，如果让你选择，你会选择去哪一家公司发展？一般来说，正常的人都会选择后一家公司，这就是领导者魅力的吸引力。

所以说，领导者如果想获得下属的拥戴，首先应该加强自我修炼，让自己充满人格魅力。只有这样才会有更多优秀的人才主动加盟你的平台，为你效劳。

做一个“高大上”的领导者

什么样的领导者才是“高大上”的领导者？企业管理是一个做人做事的过程，在这个过程中，领导者能否做到大肚能容、宽厚待人，能否做到眼观六路、耳听八方、胸怀全局、心怀天下，很大程度上决定了企业今后的发展。因为宽厚待人，才能广结人缘，才有可能得到员工的支持；因为胸怀全局，才不至于目光短浅，捡了芝麻丢了西瓜，这是一种大气魄。这样的领导者就属于“高大上”的领导者。

很多时候，大胸怀与大气魄是紧密联系的，很容易理解的一点就是：大胸怀表现为不与人计较，为的就是从长远来看，与人为善，使自己多一个朋友，少一个敌人。这一点在企业管理中显得尤为重要。有些领导者嫉贤妒能，害怕下属抢了自己的风头，于是处处打压下属，这就是典型的缺少胸怀和气度的表现。

提到三国时期的周瑜，很多人都会产生刻板印象，认为周瑜嫉妒心强，心胸狭小，其实并非是这样的。程普是东吴的老将，他原先与周瑜不和，两人关系相当紧张，但是周瑜并没有因程普对他不友好而报复。相反，他把程普的不友好抛之脑后，选择了大度宽容。后来，程普被他的宽宏大量感动了，两人成了挚友。程普还用“饮醇自醉”来评价与周瑜的交往，意思是与周瑜交往，就像喝了又浓又醇的美酒，让人心爽神清。

由此可见，大胸怀是化解矛盾、消除隔阂的良药。

企业的领导者不但要在做人方面有大胸怀，还要在做事方面有大气魄，这样才能让自己的领袖气质影响更多的员工。

李嘉诚当年创办塑胶厂的时候，将工厂的名字定为“长江”，他的解释是：“长江不择细流，故能浩荡万里。长江之源头，仅涓涓细流，东流而去，容纳无数支流，形成汪洋之势。日后的长江塑胶厂，发展势头也会像长江一样，由小到大。长江是中国的母亲河，是中华民族的骄傲，未来的长江集团，也应该为中国人引以自豪。长江浩荡万里，具有宽阔的胸怀，一个胸有大志的人，理当扬帆万里，破浪前进，去创建宏图伟业。”

在做人做事做生意的过程中，李嘉诚时常提醒自己要大度一点。他说：“重要的是首先得顾及对方的利益，不可为自己斤斤计较。对方无利，自己也就无利。要舍得让利，使对方得利，这样，最终会为自己带来较大的利益。我母亲从小就教育我不要占小便宜，否则就没有朋友，我想经商的道理也该是这样。”

正是这种胸怀天下的大志向和大气魄，促使李嘉诚将事业做大做强。无独有偶，格力集团的董事长董明珠也是一个拥有大胸怀和大气魄的人。

在营销界，董明珠被誉为传奇人物。这不仅在于她为格力创造了前所未有的营销模式，更在于她对营销保持着与众不同的态度。

很多人在搞营销时，都会赔尽笑脸、说尽好话，跟在客户身后，服务周到，但是董明珠搞营销却不这样，她总是开宗明义地告诉客户：“如果你不按我的规矩来，就别和我玩这个游戏。”结果，客户围绕在她身边抢着付钱，还对她保持十二分的敬佩。这到底是怎么回事呢？

有人曾问董明珠：“你怎么敢肯定，客户会按照你的规则跟你玩游戏呢？”董明珠说：“因为我的出发点不是我个人的那一点眼前利益，我手中把握的是合作双方的长远利益。”听到这样的回答，我们就不难理解为什么客户愿意与她合作了。

另外，董明珠还是一个有大气魄、大格局的领导者，她的一名下属曾表示：“董总特别善于观察，而且反应敏捷，在你还没开口之前，她已经知道你要什么；她也会让你明白，她手里掌握的正是你想要的——她永远控制着大局的进程。”

俗话说得好：“高度决定了眼界，眼界决定了境界。”领导者在看待问题时，应该从大局出发，着眼全局，这样做出的决策才可能周全，才能从根本上保障公司的利益。要做到“明大局，识大体”，领导者必须有大胸怀、大境界，千万不能只看到眼前利益，这既是一种思想，也是一种智慧，更是“高大上”的领导者的标准。

2015年初，相关媒体爆料阿里巴巴年终奖为100个工资，这让很多人期望加入阿里巴巴，而阿里巴巴的掌门人马云就是一个“高大上”的领导者。

从1999年成立至今，阿里巴巴在全球范围内，被十几种语言400多家媒体连续追踪报道，它连续5次被《福布斯》评选为全球最佳B2B网站，它的排名甚至比全球电子商务的巨头亚马逊还要靠前，马云是怎么获得这样的成就的呢？

1995年，马云开创企业黄页网站，每天出门向别人讲述互联网的神奇，说服别人出钱把资料放到网上去，但是没有人相信他。在那段时间里，没有人能看出马云是一个“高大上”的领导者，他反而被人视为骗子。但他并没有在意别人怎么看自己。

在中国互联网大潮风高浪急之时，马云决定做一个和世界上所有电子商务网站不同的B2B网站，他放弃了那15%大企业的生意，决心只做85%中小企业的生意。他说：“如果把企业也分成富人、穷人，那么互联网就是穷人的世界。”

这是远见还是狂妄呢？事实证明，这是马云的远见。1999年初，他创办了阿里巴巴，企业创办初期，严重缺少资金，马云到各个大学去做演讲，宣讲他的B2B模式。渐渐地，他引起了人们的关注，海外媒体开始对他表现出极大的热情。风险投资商也慢慢对马云产生了兴趣。但是马云先后拒绝了38家风险投资商，接受了以高盛为首的投资集团的500万美元的投资。在该笔资金到位后，他飞赴北京，见了日本软银公司的董事长孙正义。那次交谈之后，孙正义向阿里巴巴投资了2000万美元。就这样，阿里巴巴在充足资金的支持下，迅速发展起来。

《福布斯》曾这样评价马云："有着拿破仑一样的身材，更有拿破仑一样的伟大志向!"《福布斯》的评价充满霸气。事实证明，马云的眼光非常高远，他制定的企业发展战略具有很好的前瞻性，这是阿里巴巴之所以能让天下英才踊跃加入的原因。

所以，"高大上"的领导者往往具备统揽全局的能力，识大体，谋大局，抓大事，这样才能赢得无数人的拥戴。

衣着得体，下属才有好印象

很多领导者也许会认为，衣着仅是个人问题，与他人无关，穿一些能体现个性爱好的休闲服装，足以让人感觉舒适。是的，从原则上来说，自由选择装束装扮是每个人的权利，但对于领导者来说，就不能不有所节制了。

领导者所处的环境往往不同一般。和三五个好友聚会，在野外休闲度假，可以穿得随意一些，但领导岗位需要一种特殊的氛围来烘托，领导者的穿着打扮在其中起着不可忽视的作用。领导者要是没有一套得体的衣着，就会给人一种"不是那么回事"的随意感觉，从而让下属对你的能力、可信度等都大打折扣。

在给下属留下的良好的第一印象中，着装占有80%的比重。新的下属往往会依据领导的衣着装扮去推断他的人品、性格等情况。衣冠不整、蓬头垢面会让下属想到失败者的形象，而整洁的修饰会提高领导者的形象，因为服装整洁，不仅是对自己人格的尊重，也是对他人的尊重。服装整洁，会给人以愉快的印象。一个满身油污、衣服褶皱的人一定会使人讨厌，影响他人的情绪。"张总这么邋遢，不能让他去见客户，否则准会把我的生意搞砸”“这个不修边幅的老总一看就不够精明”。给人留下这种糟糕的印象，谁愿意在这样的领导手下做事呢？更不用说成为有威信的领导者了。

一个穿戴得体的领导者容易赢得他人的信任和好感，而衣着不得体的领导者只会给下属留下糟糕的印象。

日本前首相鸠山由纪夫曾因一件“鹦鹉衬衫”而引发日本领导人“时尚灾难”的风波。鸠山的这件衬衫由5个大色块的格纹拼接而成，完全是20世纪80年代的产物。更要命的是，鸠山不仅在这件衬衫内搭配了黑色高领打底衣，还穿了一条高腰裤，手中的西装居然是紫色的。时装设计师们可以随心所欲地穿衣服，政治领导人却不行。他们的穿着就是国家的门面，甚至从一定程度上反映了其观念。对于日本这个时尚业极度发达的国家来说，第一领导人如此过时的打扮，民众当然是很难容忍的。日本时尚评论家小西良幸就一针见血地指出，鸠山的思维与想法陈腐，难以带领日本“克服危机”。此后，鸠山由纪夫的民意支持率持续下降，不排除有部分原因就是出于这个“穿错衣”事件。

另一方面，领导者热爱时尚，喜欢追逐时髦和潮流，这本是一件好事，但有些人把握不住“度”，很容易过火。比如，常常在衣着上标新立异，把另类当成时尚，这种着装不但不会让人产生好的印象，反而会令人产生反感。

恩波利大学毕业后就到某公司任主管，公司董事们对恩波利的印象很好，觉得这小伙子踏实，平时也爱和恩波利聊些有趣的事情，在工作上也都尽力地帮他扩展业务。一切似乎都很顺利，唯一让恩波利难受的是，他觉得自己穿得太寒酸，公司里的管理层对仪表似乎都非常讲究，唯有自己的行头总是那么两件工装。因此，第一个月的薪水一发下来后，恩波利大举购置衣物、改换发型。他购置了一套瘦腿的蓝色名牌服装，裤脚下边吊着个小铃铛，一走动便发出悦耳的声音。在发型师的建议下，恩波利将自己土的掉渣的发型染成了暗红。他走在大街上时，路人侧目，恩波利暗自为自己的回头率如此之高而兴奋。

第二天，恩波利就穿着这身行头上班了。公司里的同事都惊奇地看着他。更让他奇怪的是，中午在餐厅吃饭，下属们见到他像躲瘟神一样，没有人愿意和他同桌进餐。

一天下午，董事长找到他说："你知道，我本来想带你今天去和客户谈合约的，但你这副打扮，实在让人难以接受。你必须明白，你现在是准备郊游呢，还是准备干活？今天你恐怕不能去见客户了。你穿成这样，让我怀疑你管理下属的能力了。"

恩波利听了董事长的话吃惊极了，他默默地坐着，董事长什么时候离开办公室他都不知道。

衣着反映出领导者特殊的个性，这也是一个领导者能不能被下属接受的关键。在办公室，下属往往喜欢用最本色、最简单的方式与领导相处。如果下属断定你个性特殊，往往就不敢用常用的交际方式对待你，担心稍有不慎会开罪于你，和你在一起，就要拿出不同寻常的交往方法。和你相处要是那么累，那么复杂，下属就会避而远之。

正如美国营销大师法兰克·贝格说的那样："外表的魅力可以让你处处受欢迎，不修边幅的人给人留下第一印象时就失去了主动。"所以，整洁、得体的服装会使你看起来胸有成竹、有条不紊，是你得到下属好感的另一种资本，是你表达自信和给人留下美好印象的最佳选择。

用最好的一张脸面对下属

很多领导者喜欢用严肃的表情来树立威信，希望下属们对自己望而生畏，畏而生敬，这样便于自己在领导岗位掌控局面。于是，这些领导者成天板着一副冷面孔。我们不能断定这样为人是否能获得威信，但可以肯定的是，这种对待下属的方式肯定会疏远了自己和下属之间的关系。人们喜欢外表慈善祥和的上司，因为这样的领导者能给下属安全和温暖。要是显刚强于外，会给人以威慑而让人产生畏惧心理。

去过寺庙的人都知道，一进庙门，首先是弥勒佛，笑脸迎人，而在他的北面，则是黑口黑脸的韦陀。但相传在很久以前，他们并不在同一个庙里，而是分别掌管不同的庙。

弥勒佛热情快乐，所以来的人非常多，香火大旺。而韦陀成天阴着个脸，太过严肃，敢进他庙里的人越来越少，最后香火断绝。佛祖发现这个问题后，安排弥勒佛负责公关，让韦陀做内务，负责财务。

待人一副冷脸，不管你内心是多么热情善良，别人只会觉得你是一个冷酷无情的人，从而远离你。所以说，待人不要用冷脸。那么，我们应该用怎样的一张脸去面对下属呢？

“眼前一笑皆知己，举座全无碍目人”“一笑泯恩仇”“伸手不打笑脸人”这些都是中国人耳熟能详的人际格言，从中我们不难发现，微笑是维护人际关系最好的面容。所以有人说，假如长得不好，就让自己有才华；假如才华也没有，那就让自己微笑！任何人都不会轻易拒绝他人的笑脸。

美国爱达荷州波卡特洛市被称作微笑之都，那儿有一个奇特的法令：凡在公共场所愁眉苦脸的人，一律要被送到“微笑站”进行再教育，直到学会微笑才让他离开。微笑是一个人的本能，是人与人之间最好的沟通方式，它具有神奇的魔力。真诚的微笑是交友的无价之宝，是社交的最高艺术，是人们交际的一盏永不熄灭的绿灯。

服务行业则把微笑的作用夸张到了极点，他们认为“微笑服务”能使顾客盈门、生意兴隆、招财进宝，而事实却证明了此观点。

谚语说：“一家无笑脸，不要忙开店。”世界著名的希尔顿饭店的创办人康拉德·希尔顿就十分看重微笑对于企业发展的作用。他说："我的旅馆如果只有一流的服务，而没有一流微笑的话，那就如同一家永远见不到温暖阳光的旅馆，又何谈情趣可言呢？"

很多人宁愿受雇于实力不太强却有着迷人笑容的老板，而不愿被聘于一个满脸"乌云"的金融大亨。

南京证券交易所经纪人李特先生过去是个严肃刻薄、脾气暴戾的人。职员、顾客甚至他的太太见他都惟恐避之不及，因此，他的生意十分萧条。之后，他的一位研究人际关系学的朋友，帮他找到了症结，此后他学会了微笑。李特先生一改旧习，无论在电梯里还是在走廊上，不论是在大门口还是在商场，逢人三分笑，像普通的职员一样真诚地与人握手。结果，不仅夫妻和睦相处，相亲相爱，并且顾客盈门，生意兴隆。

从这个意义上说，微笑对于每个人而言都是一笔财富。对于领导者来说，你不能改变你的容颜，但你可以改变你的微笑；你不可以改变你事业的广度，但你可以改变你交际的宽度。微笑的作用真的很奇妙，真的很灵验。领导者只要满脸笑容，下属心里才会满怀忠诚。和下属微笑相处，将微笑之花开在脸上，那便是和下属融洽关系、增进友情的催化剂了。因此，有人说："寒冬里那温馨的微笑，你就是拿整个春天来换，我都不给。"一直把笑意挂在脸上的领导者，自然就会赢得下属的喜欢。

每个领导者都希望自己有威信，可威信从何而来呢？有些领导者认为，有权力就有威信，因为员工怕自己，不得不听从自己的管理。于是，他们处处摆架子，彰显高姿态，而且经常板着脸，不苟言笑。殊不知，这种做法只会让自己与员工之间的距离越来越远，让自己越来越没有威信。

事实上，真正有威信的领导，即便有很高的职位、有丰富的知识、有卓越的智慧、有骄人的业绩，他们也会保持谦卑和亲民。因为他们知道，只有平易近人、谦卑待人、关心众人，才能受到人们发自内心的拥护和爱戴，才更容易取得大家的信任，从而把工作开展得有声有色。

领导者必须做好魅力修炼

人格魅力来源于领导者的品格、素质、知识、能力、道德修养等，人格魅力越大，权威性越大，影响力越大，对下属的吸引力自然就越大。一个领导者，想让下属追随你，就应该让自己有一定的魅力。但是，领导者的魅力体现是多方面的，可以通过以下几个方面去努力：

1.注意日常的言谈举止

身为领导者，你的一言一行都是员工行动的风向标。员工会在不知不觉中以你为榜样，你怎么做，他们就怎么做。你的每一个动作，每一次的决策，每一句话，都可能对他们产生影响。所以，你必须学会以身作则。

我们身边，有些领导者做事不诚信，他们的员工往往不老实；有些领导者做事喜欢拖拉，他们的员工往往工作效率很低；有些领导者喜欢听小报告，于是他们的员工学会了打小报告；有些领导者喜欢推卸责任，于是他们的员工学会了找借口；有些领导者不重视客户，于是他们的员工也不把客户当回事……看一看，员工身上有什么弊病，往往可以在一定程度上折射出领导者的缺点。由此可见，领导者的行为对员工会产生巨大的影响。所以，领导者应该以身作则，这是塑造个人魅力的首要因素。

2.树立诚实正直的品性

诚实正直的品性既是一种做人的美德，还是个人和企业走向成功的阶梯。只有诚实正直的领导者，才能赢得员工的信任和忠诚，而这又是立业之本，创业之基。因此，领导者每天都要践行诚信正直。李嘉诚曾经说过："有些生意，给多少钱我都不赚，有些生意，已经知道是对人有害，就算社会允许，我也不做。"无论是对企业内的员工，还是对企业外的客户，领导者都应该始终如一地保持诚信，只有这样，自己才会赢得社会和员工的信任，赢得他们的支持。

3.敢于正视自己的不足

正视自己的不足是一种修养，是一种难得的自知。如果领导者不能正视自己的不足，讳疾忌医，他的威信必然大打折扣。相反，如果领导者坦诚面对自己的不足，往往会赢得更多的敬重。李嘉诚的普通话讲得不好，但他从不遮遮掩掩，他多次公开表示自己的普通话真的很普通，希望员工们谅解，而他的员工们并不计较他这个缺点。

4.保持积极创新的精神

创新是一种能力，是一种精神，是一种素养。当机遇和风险降临时，很多伟大的领导者靠的就是用创造性的方法去抓住机会、化解风险，靠的就是敢于跳出固有圈子的思维，靠的就是开放的眼光，靠的就是出奇制胜的策略。创新不仅体现在产品设计和制造上，还体现在技术创新、管理与经营的方式方法上。

例如，有位老板创立了"343"的管理模式：在企业中，30%的员工是精英分子，公司要尽最大努力留住他们；40%的员工是兢兢业业者，公司要尽最大努力稳定他们；还有30%的员工，公司要不断地进行部分更换，这样可以使整个团队保持危机感和战斗力，还能使企业保持活力。自从实行这种人才管理机制后，公司的效益逐年好转。

5.保持积极乐观的心态

领导者有怎样的心态，就会带出怎样的团队，领导者积极乐观，整个团队就会被快乐的情绪感染。因此，当你上下班时，别忘了微笑，别忘了与员工打招呼，要让大家感受到你的朝气、开朗和积极。这样会使大家都带着好心情去工作。

6.拥有优秀的人格

一般来说，优秀的人格包括“仁、义、礼、智、信、温、良、恭、俭、让”等传统美德，拥有这些品格的领导者，才能称之为品德高尚的人。身为领导者，一定要充分认识到学习的紧迫性，认识到只有不断提高知识素养，才能紧跟时代的步伐，成长为优秀的领袖。齐桓公得管仲，靠的是人格魅力，结果管仲帮他成就了一番春秋霸业；秦始皇得韩非子、李斯，靠的也是人格魅力，结果统一天下；刘邦得萧何、张良、韩信的辅佐，也是靠人格魅力，最后打败项羽，建立汉朝。纵观古今中外，得人才者得天下，如何得人才？靠的就是领导者优秀的人格所产生的感召力。

7.重视人才

领导者吸引人才的前提是重视人才，爱惜人才。赵云当初之所以投靠刘备，是因为他知道刘备重视人才，知道刘备会赏识他。如果刘备不重视人才，不赏识他，就算刘备魅力再大，恐怕赵云也不会为他卖命。

福特汽车公司非常器重人才。有一次，公司的一台马达发生了故障，怎么也修不好，最后请人找来一个名叫斯坦曼的人来修。斯坦曼来了之后，看了看出故障的机器，然后指着电机的某处说：“这儿的线圈多了16圈。”当去掉16圈线后，电机马上运转正常。福特当即觉得斯坦曼是个人才，就邀请他加入公司。但斯坦曼说，自己的老板对他很好，他不能离开。没想到，福特对他说：“我把你所在的那家公司买下来，你就可以来我这里工作了。”结果，福特真的买下了那家公司。后来，很多公司用重金想挖走斯坦曼，但都遭到了斯坦曼的拒绝，他在福特公司一直干到退休。

爱惜人才是福特有魅力的一面，他懂得“三军易得，一将难求”，他知道企业竞争最终归结于人才之间的竞争。为了一个人甘愿买下一个企业，福特让人们看到的不仅是重视人才，爱惜人才，更让人才看到他对待人才的态度。所以，福特手下人才济济，在福特公司最困难的时候，他们也对福特不离不弃。

总而言之，企业领导者要懂得如何修炼自己的人格魅力，做好以上几点，才能让员工心甘情愿地追随，才能像磁石一样吸引自己的下属。

▶ ▶ ▶ 第二章

领导者脾气小一点，下属心甘情愿地追随你

在管理中，有些领导者常对下属发脾气，这是领导岗位上的一个大忌。要想成为下属追随的领导者，领导者的脾气就要小一些。聪明的领导者即使是内心满腔怒火，但让人看上去也会平静似水。领导者脾气小一点，下属忠心才会多一些——这就是领导的艺术。

批评时要力争做到心平气和

员工犯了错误，领导者当然会生气，批评他们也是应该的。很多上司认为批评下属是天经地义、无可辩驳的。有了这种观念之后，他们就上演了一幕幕愤怒地批评员工的场面：“你是怎么办事的？你不会看清楚再拿来吗？”“你是猪脑子吗？怎么就不能多想一想？”“跟你说过多少遍了，你怎么还不知道？”“想不想干？不想干就给我走人！”

暴风骤雨般的批评的确能让领导者的情绪得到宣泄，领导者也许会觉得很痛快。但是，这样的领导者没有考虑员工的感受，批评的目的会适得其反，因为被批评者很难知错就改，相反，他们很可能表现得消极沮丧，甚至干脆消极怠慢。真正聪明的领导者在批评员工之前，即使愤怒到极点，他们也会控制自己的情绪，尽量心平气和地批评员工。

所以，在领导的过程中，当你生气的时候，你要想到这样一个事实：你想用大发雷霆的方式证明你是正确的一方。因此，如果员工有错，你可能认为这是他工作不努力造成的，于是你就会生气，并认为生气是理所当然的。但是，如果你在准备怒吼之前想一想造成员工没完成任务的还有哪些可能性的原因，例如，员工因孩子生病而工作分心了，或者是因为身体不舒服而导致了精力不足，那你对员工的态度就会发生大转变了。你会觉得其实他挺不错的，你应该同情他、帮助他，而不应该怒气冲冲地批评他。

美国著名的激励大师戴尔·卡耐基曾经就通过这种片刻的思考，避免了一次大发雷霆的批评。

多年以前，卡耐基的侄女约瑟芬离开堪萨斯城的家，来到纽约做他的秘书。当时约瑟芬只有19岁，工作经验十分欠缺。

有一次，卡耐基发现约瑟芬犯了几个常识性的错误，觉得这种错误是不可思议的，就在他准备严厉批评约瑟芬时，他这样提醒自己：“慢着，且等一等，卡耐基……你的年纪比约瑟芬大一倍，你处世的经验也高过她一万倍。你怎么能希望她具有你的观点，你的判断力，你的见解呢？卡耐基，在你19岁的时候，你做了些什么？记得你那笨拙、愚蠢的错误吗?”

当卡耐基认真地思考完这些后，他发现约瑟芬的表现比当年的自己强多了。所以，从那以后，他发现约瑟芬的错误时，总是这样温和地提醒她：“约瑟芬，你犯了一点错，可是老天爷知道，你并不比我所犯的错误更糟……如果你照这样去做，不是更聪明一点吗?”

不管是对其他人，还是对你的下属，暴跳如雷的批评或斥责都会让他被负面情绪笼罩。这种批评不会对事情的发展有建设性作用，只会起到破坏作用。因此，领导者在批评员工时一定要体察自己的情绪，要力争做到心平气和。当你平和地指出员工的错误，而不是怒斥他的错误时，员工接受起来就会更容易了。

如果你没有充裕的时间延后对员工的批评，你可以在批评员工之前深呼吸一下，然后从1数到20。如果你还需要多的时间调整心情，那你不妨问对方：“你能不能告诉我，你为什么这样做?”这个问题可以帮你争取一些时间来平复心情，而对方的回答也许与你的主观想象大不相同。

总之，在批评员工时要“先冷静思考，再行动”，而不是“先暴怒批评，再后悔”，这样可以避免你陷入负面的连锁反应中，也可以避免你因没有了解事情而误解员工。

领导者要有超强的自制力

作为一个领导者，如果没有一定的自制力，那他就算不得什么好领导者，至少不是个稳健、大度的领导者，更不是一个下属喜欢的上司。要求领导者自制，这就要求领导者经得起考验：在面对下属直面的指责，甚至是谩骂的时候，自己能否平静地应对，喜怒不形于色。

初任美国总统的威廉·麦金利在国会的威信不高，很多议员并不拿他当回事。

有一天，几个议员怒气冲冲地进了美国总统威廉·麦金利的办公室，向他提出一项抗议，为首的一个议员脾气暴躁，开口就用难听的话骂总统，喋喋不休。

这时的麦金利非常的冷静，因为他清楚地明白如果做出解释的话，只会使事情变得更加的激烈，这对自己所坚持的决策很不利。于是他选择沉默，默默地听着这些人的叫嚷，任凭他们发泄胸中的怒气，直到所有的人都发泄完了，他才用温和的口气问道：“现在，诸位觉得好些了吗?”

因为这件事，麦金利的威信又增加了不少，在他总统任期将满时，很多民众都呼吁他连任。

在领导岗位上，有些员工会因为琐事跑来与你吵一架，对你出言不逊，如果你也和他一般见识，对他破口大骂，既有失你的优雅和身份，让人觉得不成体统，而且最重要的是解决不了任何问题。

有些员工有时候难免会说出一些难以入耳的话来。若领导者对激动状态中的员工斤斤计较，则使得自己看来与员工一般见识了，彰显不出身为上司的你的豁达大度。最聪明的做法是用自制力来克制自己的不满和气愤，使自己尽量冷静，然后想办法解决问题。所以，自制力是一个聪明的领导者必须具有的素养。

那么，如何才能够让自己有足够的自制力呢？下面我们先来看个题外故事。

拿破仑·希尔在芝加哥一家大百货公司里亲眼看到了一件事，让他明白了自制的重要性。在这家百货公司的柜台前面排着很长很长的队伍，站在柜台后面的那位年轻的小姐正听着这些顾客诉说他们所遭遇的困难，以及对这家公司有什么不满的地方。在这些投诉的妇女中，有的非常愤怒并且蛮不讲理，有的甚至还说出了非常难听的话。柜台后面这位年轻的小姐对于接待这些妇女，并未表现出任何的厌恶。她在接待的过程中脸上始终带着微笑，指导这些妇女们去寻找合适的部门，她的态度非常镇静，拿破仑·希尔对她的修养大感惊讶。

站在她身前的是另一个年轻的小姐，前面的小姐首先在一个纸条上写下一些字，然后再把纸条交给站在柜台后面的那位小姐。这些纸条很简要地记下了妇女们抱怨的内容，但是将这些妇女原有的尖酸而愤怒的语气给省略了。

原来，站在柜台后面面带微笑的这位年轻女郎是位聋子。她的助手通过纸条把所有必要的事实告诉她。

这家经理告诉拿破仑·希尔，他之所以选择一名耳聋的小姐担任这个职位是因为他一直没有找到有足够自制力的人来担任这项最艰难而又最重要的工作。

拿破仑·希尔站在那儿看着那长长的队伍，经过观察发现柜台后面那位年轻的小姐脸上始终露出亲切的微笑，对这些愤怒的妇女们产生了良好的影响，她们来到她面前时，个个像是咆哮怒吼的野狼，但当她们离开时，却像一只只温顺柔和的绵羊。甚至有些顾客在离开的时候脸上还露出羞怯的神情，因为这位年轻女郎的“自制”已使她们对自己的行为感到惭愧。

一个受下属拥戴的领导者必须要具备能力加魅力，而最密切相关的人格魅力就是拥有一副温和的性格。培养自制力不仅是领导的艺术，更是领导者自身的一种修养。克制住自己的负面情绪，喜怒不形于色，这样才不会伤害员工的心，让他们更加卖力地为你做好各项工作。

行为过火，要做好善后工作

领导者在人、财、物方面享有绝对支配权的同时，也要承担相当的责任。当下属工作不努力，任务完不成，或工作中出现差错时，领导者都需要承担责任。责任也意味着压力。长期处于压力下的领导者心情难免比较紧张，当遇到不服从自己、表现糟糕或严重犯错的下属时，就很容易感到烦躁甚至大发雷霆。

有时候，领导者发火不仅是一种宣泄情绪的方式，同时对下属也起到一定的警告和惩戒作用。有时候这远比和风细雨的批评有效得多。在管理过程中，偶尔发一通火，严厉地批评下属，是领导者促进工作、推进管理行之有效的一种方法。

然而，发火归发火，发火之后不能手臂一甩，扭头就走，而是需要做好“善后”工作，安抚下属受刺激的心，这样“火势”才不至于蔓延开来“烧伤”你的员工。因为不论怎么高明的发火，或多或少都会伤人，只是伤的轻重程度不同而已。因此，发火之后及时进行善后处理，对别人是一种情感的补偿。毕竟，人与人之间，虽然有职位的高低和地位的尊卑，但人格是平等的。那么，发火之后如何进行善后呢？我们不妨来看一个经典案例。

有一次，日本松下公司获得了一份大订单，松下幸之助对于这个单子十分重视，特意把它交给一向沉稳的冈田负责。然而，让松下幸之助失望的是，冈田在负责这个单子时因一个很小的疏忽，把这笔生意搞砸了，让“煮熟的鸭子”飞了。

松下幸之助十分生气，他把冈田叫到办公室，对他大发雷霆。由于当时情绪激动，他一边发火一边把自己的手杖重重地敲打在地面上，结果把手杖都敲弯了。

一阵“狂风暴雨”过后，冈田像是霜打的茄子，变得垂头丧气。当他准备走出去时，松下幸之助叫住了他，然后用很温和的语气说：“对不起，我的手杖弯了，你能否帮我把它弄直？”

冈田无奈地拿起手杖，用力地在地上敲打，内心的不良情绪也随着这一次又一次的敲打得到了发泄。当他把手杖敲直交给松下幸之助时，松下幸之助笑着说：“干得很好，我的手杖比之前更直了。”

松下用了高明的一招，在严厉斥责了下属之后，马上进行了善后处理，他的善后处理方式是用和风细雨的语气，对下属表达肯定。这种肯定向冈田所传达出的信息是：松下幸之助刚才对他的批评是对事不对人的，尽管松下幸之助批评了他，但松下依然欣赏他。果然，冈田被肯定之后，马上转忧为喜。后来，他一直忠心效力于松下公司，是松下幸之助最得力的帮手之一。

在管理过程中，领导者对下属发火动怒有很多也是合理的，因为这样可以树立领导者的威信，可以威慑下属，防患于未然，避免下属重复犯错。但是，仅仅合法、合理还不够，还要合乎人情、合乎感情，一味地发火并不能解决问题，即便解决了问题，也容易给下属留下“伤疤”和阴影。毕竟下属也是有血有肉、有情有感的，所以，发火之后一定要记得及时做好善后工作。

高明的领导者既能狂风暴雨，又能和风细雨，既敢于大发雷霆，又懂得及时善后。正确的善后要针对不同的对象有区别地对待。有的下属性格大大咧咧，是个粗人，你对他发火，他一般不会往心里去。对于这种下属，你要做的善后工作是三言两语，象征性地说几句宽慰的话。有的下属通情达理，你对他发火他能明白其中的是非对错，能够谅解你，那么你就不需要花大工夫去善后了。有的下属自尊心强，死要面子，你对他发火，他可能对你耿耿于怀，甚至刻骨铭心，对于这种下属，善后工作要细致而诚恳，既要好言安抚，还要找机会表扬他。

善后既是一种管理手段，也是一种管理的艺术，要体现出“明暗相济”的特点。什么是“明”？“明”就是当众善后，例如，登门拜访，亲自谈心，解释你发火的原因，甚至“道歉”，让对方有面子，这样对方对你的怨恨就很容易烟消云散。

什么是“暗”？“暗”就是背地里进行善后，你可以采取拐弯抹角、借东风的方式，让第三者给他讲好话，并适当地说些自责的话，使这种善后的语言通过第三人传达出去，这样更容易打动人、感化人。你还可以在对方遇到困难时，暗中帮助他，待下属明白真相后，自然会由衷地感激你。

领导者有权也不能太任性

人是一种具有思维和感情的动物，所以每个人都有情绪的波动。但是，能控制情绪的领导者才是一个成熟的领导者。不能控制情绪的领导者，往往给人一种不成熟或还没长大的印象。你如果能恰当地掌握你的情绪，那么你将在下属心目中呈现一种“沉稳、令人信赖”的形象，很难不让下属敬重你！

人活于世，做人做事若能“率性而为”，那人生就没什么好遗憾的了。但你要是领导者就不能任性了，不能想做什么就做什么，因为你的下属不可能对你所说所做的一切都言听计从。在领导过程中，领导者总会遇到许多人际关系的不如意，这些不如意需要以智慧和耐心去解决，而不是靠一时的喜恶和发脾气去解决。

所以，领导者无论在事业上还是人际关系上，遇到不如意时，不论你身在多么高的职位，请别说“只要我喜欢，有什么不可以”，而是应该忍耐！掂量轻重，然后再做出决定，绝不能任性。

里奥·梅铎博士在他的著作《愤怒》中写道：“一个极度成熟的男人不会任性，必能完全控制自己的情绪。”一天，陆军部长斯坦顿来到林肯那里，气呼呼地对他说一位少将用侮辱的话指责他偏袒一些人。林肯建议斯坦顿写一封内容尖刻的信回敬那家伙。

“可以狠狠地骂他一顿。”林肯说。

斯坦顿立刻写了一封措辞强烈的信，然后拿给林肯看。

“对了，对了。”林肯高声叫好，“要的就是这个！好好训他一顿，真写绝了，斯坦顿。”

但是当斯坦顿把信叠好装进信封里时，林肯却叫住他，问道：“你干什么？”

“寄出去呀。”斯坦顿有些摸不着头脑了。

“这封信不能发，赶快将它扔到炉子里去，不要胡闹。”林肯大声说，“凡是生气时写信，我都是这么处理的。在你写这封信的时候你已经解气了，相信你现在已经好多了，那么就请你把它烧掉，再写一封吧。”

要想管理好自己的下属前提就是先管理好自己，在组织行为学上将其称之为“自我监控能力”。案例中林肯处事的方式不失为培养自我监控能力的一个有效的方法。有着健康自我的人较不易因遭逢不幸而导致心情颓丧，从而发泄自己的怒气。当遭到朋友或者陌生人拒绝的时候，往往头脑越是冷静的人越能够控制得住自己。

领导者在批评员工的时候，控制好自己的情绪是非常重要的，尽量避免在批评员工时情绪失控，一定要把握好一个“度”，让自己在心平气和的时候再找他谈话。除此之外，一些领导者往往比较善于用生气的方式对员工进行批评，通常这种批评方式可能言语不多，但是效果却十分显著，这种方法对于那些屡教不改的员工特别适合。这种生气与情绪失控不同，它是有意的，情绪处于可控状态。

虽然情绪的控制是如此重要，但是能够很好地控制自己情绪的领导者并不是很多，对于那些性情比较急躁而且又追求完美的领导者来说，控制情绪显得尤为困难。

领导者想要很好地控制自己的情绪，就需要其必须要有一个积极向上的心态，在看待事情时，要认识到这件事情既有好的一面也有坏的一面。当你往积极的一面想时，好运便会来到。积极心态允许你扩展你的希望，并克服所有消极心态。面对任何事情都有一个积极的心态，是当你遇到任何挑战时都应该具备的“我能……而我会……”的心态。积极心态是迈向成功不可或缺的要素，你可以将这一原则运用到你所从事的任何工作中。

一个成熟的领导者应该有很强的情绪控制能力。当一个领导者情绪很糟的时候，下属是很少向他汇报工作的，因为担心他的坏情绪会影响到对工作和对自己的评价，这是很自然的。一个领导者情绪的好坏，往往会影响到整个公司的气氛。如果领导者常常因为一些事情控制不了自己的情绪，那么就会影响到公司的整体效率。从这点意义上讲，当你成为一个领导者的时候，你情绪的好坏已经不仅仅只是你个人的事情了，它会影响到你的下属及其他部门的员工。你的职位越高，这种影响力越大。

好领导者在管理上刚柔相济

曾国藩曾说："太柔则靡，太刚则折；刚自柔出，柔能克刚。"领导者处事不能太刚强，也不能过于软弱，最明智的方法就是把握好刚与柔、硬与软之间的平衡，实行"两手抓"战略，一刚一柔，一硬一软，刚柔并济、软硬兼施。

之所以要一刚一柔、一硬一软，是因为刚硬可以体现出一个领导者的权威，有利于强化员工的执行力，而柔和有助于增强领导者的亲和力，可以拉近与员工之间的距离，便于激励员工。以企业决策来说，领导者的刚硬体现于绝对的决策权，体现于说一不二，而领导者的柔和体现于尊重下属的意见，鼓励下属自由发言。以处理内部关系来说，领导者的刚硬体现于严格分清上下级关系与职责，不得逾越，领导者的柔和体现于积极帮助下属分忧，体贴关怀下属。

刚柔并济、软硬兼施，既可以确保企业运作得井井有条，又可以稳定企业内部的团结协作。胡雪岩就把这一招运用得非常绝妙，让下属不得不佩服得五体投地。

胡雪岩早年在享康钱庄打工，得到了钱庄于老板的欣赏和栽培。于老板就像胡雪岩的父亲一样，将他视为钱庄的接班人。他在临死时将享康钱庄托付给了胡雪岩。胡雪岩将于老板安葬之后，花了两个多月的时间祭奠他，前前后后总共花了三个月时间。

三个月后，胡雪岩回到钱庄，第一件事就是召集大家开会。在会上，他说："于老板走了，大家都很伤心，我守孝三个月，虽然在这段时间内，我没有过问具体的事情，但大家这三个月做了什么，怎么做的，我都心知肚明，有些人趁机偷懒，我也知道，但是我不为难大家，只希望大家跟着我好好干。从今往后，每个人的工资在目前的基础上增加一成。”看似平常的一番话，充满了软中带硬的意味，既震慑了偷奸耍滑者，又笼络了人心。

从这个案例中，我们可以看到胡雪岩在带人、驭人方面的艺术，他通过恩威并施的做法，表现出刚柔并济的手腕，既向下属晓以利害，又郑重其事地劝慰下属，只要大家跟着他认真干，自己一定会好好对待他们。

在管理中，无论是对员工“软”还是对员工“硬”，都不可以绝对化，而应该两者兼之。因为一味地“软”，会导致管理的混乱状态和领导者的权威受损，以及下属胆大妄为、肆无忌惮地有令不行，使企业陷入危机之中。而一味地“硬”，则容易造成领导者专权独断，引起下属的恐惧心理，还会挫伤员工的积极性，甚至激起员工的反抗情绪，从而造成上下级关系的“冰冻状态”，只有刚柔并济、软硬兼施，才是最可靠的领导方式。

通用公司前总裁杰克·韦尔奇是一位忠于原则和底线，又忠于结果的领导者。当年他新官上任，公开宣布：通用公司在销售市场上必须进入行业前两名，因为如果无法进入前两名，公司就将会面临着破产的命运。

对于韦尔奇的高要求，很多员工抱怨他要求太高。但是韦尔奇不为所动，无论产品销售的业绩如何，他总是嫌不够，一时间，让人觉得他很没有人情味。但事实上，韦尔奇并非是没有人情味的领导，他也注重温柔待人。

一天，有一位下属在韦尔奇面前做报告，由于紧张过度，他两腿不停地抖动起来。韦尔奇发现这一情况后，就问他怎么回事，为什么如此紧张。这位下属坦白地说：“我太太跟我说，如果这次报告砸了锅，我俩就完了。”

韦尔奇听后，马上安慰他，还让人送来一瓶最高级的香槟和一束红玫瑰给这位经理的太太，并附上一张便条，上面是韦尔奇亲笔写的一句话：“你先生的报告非常成功，我们非常抱歉，害得他在最近几星期忙得一塌糊涂。”这件事让这位下属和他的太太十分感动。

太刚硬的领导者，会让人敬而远之；太柔和的领导者，会让人觉得懦弱无能。只有懂得刚柔并济，才能达到让人又爱又敬又惧怕的效果。不过，什么时候该“刚”，什么时候该“柔”，什么时候该“软”，什么时候该“硬”，领导者需要拿捏准确。只有运用得当，才会获得圆满成功。

值得注意的是，领导者在表达“刚”的时候，如果夹杂一些“柔”的成分，会使自己显得有情有义。例如，当下属亲近领导者，向领导者表达意见或建议时，领导者应该对下属的行为表达肯定和欣赏，保护下属的积极性。如果领导者正襟危坐、不理不睬，那么下属的积极性就会受到打击。同样的道理，在对下属表达“柔”的同时，也应该在合适的时候，表达自己的“刚”。比如，下属犯了原则性的错误，你就要来硬的，就要“唱黑脸”，表现得铁面无私，秉公执法，该批评的时候批评，该惩罚的时候惩罚。只有在该刚的时候刚，在该柔的时候柔，做到刚柔并济，才能更好地驾驭下属。

既要会唱红脸，也要会唱白脸

经常听有些领导者说：“我对下属那么好，可是他们不知好歹、见利忘义，居然跑到竞争对手那里了，真是太不重情义了。”也听到有些员工私下里说：“某某领导真讨厌，整天就知道黑着脸，动不动就批评人、处罚人，我已经受够了，有机会我一定跳槽。”

为什么领导者对下属施恩，下属却不知感恩呢？为什么领导者对下属发威，下属却反弹呢？这是因为领导者只知道一味地施恩或一味地施威。领导者一味地施恩，容易让员工觉得领导者软弱，没有领导的魄力和威严，从而难以服众；领导者一味地施威，容易激起员工的逆反和抗拒心理，难以赢得员工的支持和拥护。

在中国历史上，前秦皇帝符坚是一味施恩的典型代表，他把投降和俘虏来的几个他国的皇帝都封了大官，甚至让他们带兵打仗。当符坚在淝水一战中失利时，这些皇室及其后裔纷纷起义，没过几年，就把前秦折腾得不成样子。

三国时的张飞就是一味施威的典型。关羽死后，张飞为了替关羽报仇，下令所属的三军在三天之内置办白旗白甲，挂孝伐吴。第二天，部将范疆、张达来报，说三天之内不可能完成这个任务，要求宽限时日。张飞不但不宽限时日，反而把这两人绑起来，各鞭打五十。结果这两人怀恨在心，趁张飞喝醉酒睡大觉时，把张飞杀了。

从这两个例子中可以看出，一味施恩或一味施威都是不行的，只有恩威并施才能巧妙地管人驭人。正如西晋陈寿在《三国志·吴书·周妨传》中所说：“赏善罚恶，恩威并行。”在企业管理中，领导者恩威并施又被称为“既会唱红脸，又会唱白脸”，唱红脸指的是施恩，如认可、表扬、奖赏、提拔；唱白脸指的是施威，如批评、斥责、处罚、打压。

唱红脸唱白脸是一门学问，只唱红脸不唱白脸，下属会说你太软，没有管理能力。只唱白脸不唱红脸，员工会说你没有人情味。只有懂得在该唱红脸的时候唱红脸，在该唱白脸的时候唱白脸，巧妙地运用红白脸的艺术，你才能成为一个优秀的领导者。

现实中有这样的领导者，他们很有领导脾气，只要遇到不顺他的事，他就把下属叫到跟前劈里啪啦骂一顿，好像厉害得不得了，可是下属们既不反感他，也不认为他管得太严，大家反而都很喜欢他，很信服他。为什么这样呢？因为这种领导者既会唱红脸，也会唱白脸。

有一家塑胶加工厂的年轻技师小胡和生产组的组长老陈发生了矛盾。小胡来公司不到两年，老陈则是在公司里工作了10余年的老员工。两者的冲突起因于成型机的改良，小胡是理论派，认为有必要在成型机上加一个自动控制按钮，老陈是经验派，认为没有必要这么做。就这样，两人意见不同，产生了分歧，最后吵了起来。

工厂的老板沈善舞知道，两人的出发点都是好的，争吵不过是为了面子。小胡是想证明自己的理论丰富，老陈是想证明自己的经验丰富，不想被年轻人比下去。于是，沈善舞依次将小胡和老陈叫到办公室，分别和他们谈话。

小胡刚进沈善舞的办公室，就被沈善舞怒批一顿："你一个初出茅庐的小屁孩，怎么能和老员工吵架呢？你有什么不满，可以和我说嘛，他都可以当你父亲了，你也太不尊敬他了。"

见小胡低头不语，沈善舞马上变脸了，说："你是公司的高才生，有能力，专业知识丰富，公司的发展全看你了，希望你争一口气，研发出新产品。照理说，我应该给你涨工资，但你毕竟来公司不久，我现在如果给你加工资，公司的老员工会感到自己不受重视。我相信你理解我的苦衷，你还年轻，又有自己的理想，相信你不会计较眼前的待遇。不过我向你保证，将来我是不会让你吃亏的。"

小胡听了这番话，心情顿时由多云转晴了，而且对沈善舞充满了感激，对自己在公司的未来充满信心。

接着，老陈走进了沈善舞的办公室，一进门也被训斥一顿："老陈啊，不是我说你，你这么大的人了，怎么和年轻人胡闹呢？这成何体统啊？你资历比他老，有什么不满，跟我说就行了，何必公开和他吵架呢？"

见老陈不说话，沈善舞马上变脸了，他呵呵一笑：“怎么说你也在公司干了十几年，我最信得过你了，我知道你能力强，经验丰富，可开发新产品光我们俩远远不够，还需要吸纳新人。如果我用一个新人，你就跟他闹分歧，以后谁还敢来？以后你度量大点，免得别人说我帮着你挤兑新人。”

老陈原本一肚子不满，听了沈善舞的话后，觉得沈善舞很器重自己，因此点头表示受教。

在日常管理工作中，领导者要身兼两职，既要唱红脸，也要唱白脸。比如，当下属犯了原则性的错误时，你就要唱白脸，甚至唱黑脸，铁面无私、秉公执法，该批评的批评，该处罚的处罚。如果这个时候你不敢唱白脸，一味地做老好人，那么你就是不合格的领导者。

当下属犯了一些非原则性的错误，只因不小心造成了失误，这时你就要唱红脸，先安慰后鼓励，再教他正确的方法，提醒他以后注意避免犯同样的错误。即便你要批评他，也要在唱完白脸之后唱红脸，就像上文的沈善舞一样，这样更容易让员工接受你的批评。总而言之，该唱红脸的时候唱红脸，该唱白脸的时候唱白脸，红脸白脸一起唱，让员工对你的管理心服口服。

第三章

合理地使用权力，好上司决不当土皇帝

领导者会拥有一定的权力，而如何使用自己的权力，能反映一个领导者的领导智慧。领导者大权独揽不仅累了自己，更是土皇帝的行径。受人拥戴的领导者懂得充分发挥权力的最大效率，好钢用在刀刃上，不仅让权力成为管理的杠杆，还能让权力成为收复人心的工具。

给下属一个自由的工作空间

很多人与上司相处时，总会紧张不安。他们总想让上司高兴却不知道怎样去做。同样，当上司离开时，他们反倒能全身心地投入到工作之中，并能从中自娱自乐。没有领导者在场，他们反而能更好地做出决定。

作为领导者，你可以离开员工一段时间，尽量给他们留出一些自我发展的空间。这样当你回来时，你会吃惊地发现员工在你不在的时候取得了多么令人满意的成绩。让员工自由发挥是领导者走向成功的一种有效的方式。如果他们能够真正地承担起自己的责任，能够按照你所构想的方式去做，那么，当你离开的时候他们也会如期将工作完成。作为领导者要想达到这样的效果其前提是你必须充分相信和认可他们，给予他们足够的发展空间，你给予他们的自由空间越大，他们所做的事情就越容易成功。

作为领导者，你必须让员工自己安排计划，不要任何事情都过问，让员工拥有自己的头脑，重要的是弄清员工获得什么结果与如何去获取结果的区别。更重要的是，同时应给予员工足够的自由发挥的空间，让他们自我决定怎样能最好地实现你所要求他们达到的结果。作为领导者，你不要过多干涉员工去做自己的工作，放手让他们自己去做。只有在一个目标明确，又有充分自由的空间，员工才会最大限度地发挥自己的潜能。

某电脑公司销售主管陈先生被公司派到国外出差10天。陈先生平时做事就很仔细，什么事都亲自下命令，并一一验收成果。虽然手下有好几个人，但他从不将责任性很重要的工作交给下属去做。因为陈先生认为，自己手下的员工做事没有自己效率高。

但是当陈先生出差回到公司的时候发现，这些下属的工作并没有因为他的出差受到任何的影响，而当他的行程决定延长时，下属们自动、自发的工作热情更加强烈。

一个受下属爱戴的领导者要善于充分发挥公司中每一个员工的积极性和创造性，放手让他们在各自的岗位上发挥。

放手让下属去做不是简单一说就能做得到的。许多领导者并非不知道放手的好处，但是却没有做到，为什么呢?

因为放手意味着领导者所得到的信息会减少，对事情的控制会减弱。给予下属更多的决策权力，领导者就会减少对细节的管理。这时候往往就有可能会发生这样或那样的事情，这样的话解决起来就会比较费时费力。有些下属确实想靠自己的努力把工作做好，但是也不排除别有用心的人。也有一些下属可能拿着“放手”的盾牌不允许你“干涉”他的业务。如果权力下放得太多，就有“被架空”的可能，再严重一些还可能被“掀翻于马下”。

放手意味着信任。“用人不疑，疑人不用”是一种说法，但是在实际上要想做到这点并非是一件简单的事情。作为领导者不可能对每一位下属都非常了解，尤其是对新来的，人与人之间的信任是需要过程的，甚至是相当长的过程。许多几十年的夫妻都尚不能相互信任，更何况工作业务关系中的同事与上下级呢。这不能作为对下属不放手的理由。从另一种角度考虑，你对下属的不了解造成了你对他的不信任，这是因为你怕下属身上有什么你还不知道的问题，但是你为什么没有发现或许他们身上还有许许多多的潜能没有发挥出来呢?对于那些不知的事情，他们不做你又怎么能发现呢?

其实，放手也意味着提高工作效率。获得领导的信任本身就是一种非凡的动力。大部分被信任的人都会兢兢业业，甚至在需要自己做决定的时候比报告给老板做决定的时候还要谨慎和细心。因为他们明白这是一种责任，所以肯定会更加努力工作不辜负老板对自己的信任，他们就会给自己施加压力，他们会更小心地处理好与同事之间的关系。如此这般努力，工作效率还不能提高吗？当然也会有那种放开手之后就不知道天高地厚、狐假虎威、小人得志的员工，像这样的人就不能够信任他们，你应该决定让他们尽早离开你。

放手意味着更明确的管理。本来，在你设置公司每一个职位的时候，你就赋予了这个职位一份权力和职责。你一个人再有能力也不可能把所有的工作都做好。既然给了，就让人家去使用那份权力、尽那份职责。领导者不要太多地插手下属的工作。这样，公司的管理层次才会变得清晰明了，领导者才不至于变得那么累，不需要凡事都要亲力亲为，这样一来就会从烦琐的日常事务中解脱出来，从而去考虑一些和公司发展有关的、更为重要的课题。

放手意味着对人才的培养。每一个领导者都有自己的成长过程，但是当他们成为领导者的时候往往会忘记过去。所以总是担心下边的人会把事情弄糟，缩手缩脚，而自己整天很辛苦，下边的人还会整天埋怨说领导不给他们锻炼的机会，得不到信任。久而久之他们最初的雄心壮志就会化为乌有，满腔热血变成了“温水”，然后就开始变得懒惰。一些本来很优秀的人才就这样被扼杀了。放手之后，他们可能会做错事，但是谁不会做错事呢？正是在对错误的认识和纠正中，人们才能吸取经验，更快地成长起来。想一想当初的你是否也是这样走过来的？放手并不意味着放任自流。员工有自由空间时，难免不会犯错，这时领导者就必须承担起相应的管理、监督责任。

好领导者绝不会事事过问

一位企业老板说："很多人把事必躬亲当成一种美德，刚创办公司时我也不例外，但随着公司的规模越来越大，我越来越觉得事必躬亲的负面作用很大。虽然我还是那么能干，但公司的整体工作效率却不见提高，我逐渐认识到这是事必躬亲带来的恶果。"

领导者事必躬亲会带来怎样的恶果呢？首先，领导者全面管理、包办一切，员工的创造性和价值就很难在公司发展的过程中体现出来，这样员工的积极性就会受到严重的打击。慢慢地，员工就很容易养成被动干活的习惯，当公司出了问题时，他们没有主动解决的意识，而是等着领导来处理，而领导者却感到越来越累。

对于那些有能力、有才华、比较上进的员工来说，他们比普通人更希望展现自己的价值，一旦他们在工作中没有机会发挥才能，他们就很容易产生一种压抑感，积怨久了，他们就可能递上辞呈，这是不难预料的事情。

琼斯是美国一家大百货公司的老板，虽然公司规模很大，但其依旧采用小店铺的管理模式，对公司的上上下下逐个把关。哪个管理者做什么，该怎么做；哪个员工做什么，该怎么做，他都会细致入微地布置。

有一次，他好不容易抽出时间和家人去拉斯维加斯度假，可是才出门两天，反映公司问题的邮件和电话就源源不断，而且大都是一些琐碎小事。这使琼斯不得不提前结束这次假期，早日回到公司处理那些琐碎问题。

如果琼斯在管理过程中不那么事必躬亲，把各个部属的职责安排清楚，让每个部属各司其职，公司还有那么多琐碎事情需要他处理吗？造成现在这种问题的根本原因，就是琼斯管得太多、管得太宽，由于他事必躬亲，滋长了部属和员工的惰性、依赖性，以至于公司离开了他便无法正常运转。

无独有偶，山东一家玩具厂的老板也遇到了琼斯同样的情况。他每天早晨起床后，就开始了忙碌的一天。工厂里大大小小的事情他都要过问一下，招聘员工、客户退款、签订合同、制定销售计划、把关产品质量、接待工商局的审核，事无巨细，全都经手他才放心。

后来，老板觉得这样做不好，于是就象征性地放了放权，他是怎么做的呢？他增设了几个副总的职位，让他们分担自己的工作。但是在大部分的决策、财务问题、人事任免上，他依然一手抓。因此，几位副总经常大事小事找他签字，他依然轻松不起来。

面对同行竞争对手的压力，该老板感到力不从心，他感觉自己的身体状况越来越差了。有人问他为什么不放手让下属去做他们该做的事情呢？他回答说："我也想让下属做他们该做的事啊，可是现在这年头，连亲爹都不能信，下属们办事我又怎么放心得下呢？"

这位老板由于不信任下属，觉得没有人才可用，于是大事小事都亲力亲为，这就是他身心疲惫的根本原因。这位老板的心理是典型的"小货郎"心理，他就像一个卖杂货的小货郎，一个人把整个企业挑在肩膀上。当企业规模小时，这样做也无妨，但企业规模庞大时，一个人怎么挑得起一家大企业呢？

我们经常听到一些领导者自夸地说："我就是整个企业的主心骨，离开了我企业就不能正常运转。"在这种自夸的背后，其实企业隐藏着巨大的危机。因为凡事都要领导者出面才能正常运转的企业，最终会累垮领导者。

在中国，很多中小企业的老板，由于长期紧张的工作、频繁的应酬，导致他们过早地出现健康问题。近年来，我们经常听到一些优秀的企业家英年早逝的消息，留给公司的只是无尽的忙乱和永远的遗憾。对此有人评论中国的中小企业老板说："40岁之前用命换钱，40岁后拿钱换命。"所以说，事必躬亲的人没有当领导的命，因为事必躬亲太累了，最后会累死，累死了又怎么当领导呢？

著名的教育改革家魏书生说过："局长不做副局长的事，副局长不做股长的事，股长不做办事员的事。这样，人人有事干，人人乐于干事。"可见，真正有智慧的领导者就在于在其位谋其政，不在其位不谋其政。如果你想成为下属都喜欢的领导者，那就用好手下的人，做好分内的事，努力为下属搭建舞台，放手让下属去干。

合理地进行权力转移

领导者管理企业的最佳手段是抑制过剩的权力，而不是放纵自己的权力。因为领导者是带领下属完成目标的领头羊，而不是通过个人能力实现目标的孤胆英雄。因此，通过合理授权，最大限度地挖掘和调动下属的积极性，是每个领导者都应该去做的事情。

大量的实践证明，一个成功的领导者往往是这样的：他们最大限度地把权力授予下属，并全力支持下属的工作。他们相信自己的眼光，相信下属能把工作做好，合理地进行权力转移，激发员工的积极性。

有一次，杰克·韦尔奇参观一个工厂里的生产线，他发现生产线上的工人只是被动地、机械地重复同一个动作。没有任何权力，韦尔奇问厂长：“你可不可以向工人授权，让他们有一些自主权?”厂长给出的答复是否定的。

韦尔奇向厂长提出了一个设想：“给每个工人的操作台上设计一个按钮，当他们想休息时，按一下按钮，就可以停下来休息，如果有精神，就可以一直干，甚至可以让传送带加快速度，当然，流程也要稍微改变一下。”

遗憾的是，没有人同意韦尔奇的这个设想，但是他决定试一试。实验结果如他所料，不仅生产效率有了很大的提高，而且工人非常喜欢韦尔奇的这种做法。

在通用公司，几乎所有的工厂在处理每一件事情时，都是以生产部门为单位的，各个小组协同作战，而不是把工人安排在生产线上，让他们以生产线为单位。

员工不是机器，不是工具，即便是生产线上的员工，也需要一定的自由权限，当他们疲惫时，可以停下来喘息；当他们精神抖擞时，可以加快工作速度。这种对自由的渴望，是每个员工都具有的心理。杰克·韦尔奇的实践证明，把决策权尽量下放给那些做事的员工，可以极大地提高做事的效率，因为他们最了解自己的工作，了解真相。

通过权力下放，可以表达对员工的信任，激起员工的积极性，使每个负责具体工作的员工，都把本公司的发展和前途看作自己的职责，使每一个拥有独当一面的能力的人，都能充分发挥自己的才能和创造性。

荷兰控股公司是一家经营能源和消费品的企业。1995年，公司的销售额高达110亿美元，利润为3.15亿美元。在老板范·弗利辛根的正确经营和管理下，借助优秀人才的力量，使得公司的销售额大幅度提高。

范·弗利辛根的高明之处在于给属下更大的权力，让他们发挥巨大的能量。在他看来，给下属一些权力可以让下属承担更多的责任，还可以得到应有的回报，这就是放权管理。

在范·弗利辛根实施放权管理之前，分布于世界各地的分公司的管理者的主要任务是执行总公司的决定。但是他们对具体的执行过程和执行结果并不重视，每个人都认为这不是自己的责任。为了扭转这一格局，范·弗利辛根把90%的权力下放给各个分公司的管理者，这些权力包括革新、创业等多个方面。当然，90%的权力下放的同时也意味着90%的责任下放，总公司只承担10%的权责。

权力下放之后，总公司对分公司的管理层表现出了充分的信任。在范·弗利辛根看来，既然权力下放了，就应该信任员工，让他们独当一面。在员工中，有些人精明能干，具有强烈的进取心和责任心。对于这类员工，公司从来不会指手画脚，而是给他们足够的空间发挥。

范·弗利辛根说："员工是真正在赚钱的人，你可以向他们提问，但是他们需要自己去摸索，而不需要别人去为他们安排一切。"任何时候，他都非常信任员工。有时候，某些部下会写信给他请求帮助，但他总是在回信里写上自己的意见，并加上一句："我也认为这个问题很棘手，祝你成功。"

通过合理授权，使权力层层下放，让每个部门都有了主动权，使他们能够根据自己的实际情况制定相应的决策，让每个人都切实地负起责任，而且由于决策是自己做的，因此，他们都愿意为自己的决策负责。公司最高领导者只需把握投资和财务等方向性的决策权力，起到应有的引导和监督作用，就可以保证公司在大的方面上的正确走向。

不过，有两个问题值得领导者们注意，第一个问题是：合理授权，重在“合理”，即授予员工的权限应该与具体工作相匹配，既不能权力过小，也不能权力过大。第二个问题是，合理授权之后，绝不要干涉员工。下面我们来逐一分析这两个问题。

首先，关于授权的“合理”性问题，有这样一个案例：

赵总属下有几名得力的中层管理者，他对这几位管理者都非常信任，经常把公司一些较为重要的事务交给他们。只不过，赵总授权时有一个特点，那就是授权过多。比如，公司有个重要客户需要商谈，赵总会对一位中层说：“这件事交给你了。”但是这位中层正在负责人才招聘工作，他去公关重要客户了，谁负责招聘工作呢？赵总说：“人才招聘工作继续由你负责。”可是这位中层除了负责招聘工作之外，还在负责采购工作，于是赵总又说：“采购工作继续由你负责。”

就这样，这位中层一下子负责3项工作，赵总给了他很大的权限：“有什么问题自己决定，需要资金直接找财务，就说我发话了。”但问题是，这位中层一人负责3项工作，明显力不从心。

在这个例子中，赵总给属下授权过多，导致属下压力过大，可能会累垮了属下，还会影响工作完成的质量。这种过度的授权，是每个领导者都要注意避免的。最好的做法是，一次只授予一种权利，让员工专注地完成目标，这样便于执行到位。其次，关于授权之后绝不干涉的问题，我们也举一个例子：

希尔顿21岁那年父亲授权给他，让他担任一个旅店的经理。同时，转让了部分股权给他。然而，让希尔顿非常恼火的是，父亲虽然授权给他了，但经常干预他的工作。正是因为年轻时亲身体验了有职无权、处处受约束的感受，所以，当希尔顿后来掌权时，他在授权给他人时，只要做出授权决定，就会给下属全权。这样，被授权的下属也有机会充分施展自己的才华。

授权以后决不去干涉下属，这是领导者自信的表现，也是信任下属的表现。如果你不信任下属，就不要把权力授予给他。正如美国内陆银行总裁曾说过的那样："授权给他人后就完全忘掉这回事，绝不去干涉。"这样的领导者才是下属喜欢的领导者。

授权收权，要做到收放自如

授权不是最终的目的，而是实现企业发展目标的一种手段。领导者通过授权，可以充分调动被授权者的积极性，借助大家的力量，使大家团结在一起，各司其职，把公司的事务做好。而不是把企业的权力分封给各个部属，然后最高领导者当甩手掌柜。因此，在授权之后，领导者还要学会收权，没有收权同样是行不通的。

领导者必须对自己有准确的角色定位，只有自己才是企业的真正负责人、长期的负责人。不论属下多么聪明，多么负责尽职，多么忠诚可靠，都无法完全取代你在企业中的权威性和影响力。因此，如果领导者授权下属，下属执行不到位，甚至把工作搞得一团糟，这个时候领导者就有必要对权力进行调整，收回授予的权力或另选授权对象。

1989年4月，宏碁公司总裁施振荣任命刘英武为宏碁执行总裁。刘英武是何许人也？他是毕业于普林斯顿大学计算专业的博士，曾在IBM公司软件开发实验室电脑部担任主管长达20年之久，在美国电脑界非常有声望。施振荣非常器重他，声称他是宏碁全球扩张的“秘密武器”，并把经营决策权毫无保留地交给他。结果怎么样呢？

刘英武上任之后，向宏碁灌输了他从IBM带来的“中央集权”的企业文化。他频繁地召开马拉松式的会议，而且对下属的建议基本不听，下属必须无条件服从。宏碁的一位经理回忆道：“强迫大家同意总裁的观点与以前宏碁的风格大相径庭，施振荣从不会强迫你做任何事，除非你同意或愿意去做，所以很多人便离开了公司。”

之后，刘英武又做了一系列收购的决策，但基本上以失败告终。他从外部聘来了9个高级管理人员，为此公司损失巨大，人心浮动。这一切都被施振荣的妻子叶紫华看在眼里，为此她向施振荣抱怨，说他不看事实与真相。

施振荣渐渐地意识到自己对刘英武太过于放权这不是一件好的事情。他说道：“IBM是世界上管理最好的电脑公司，我认为刘英武比我更有能力和经验。但是他不是一个企业家，我对他授权太多了，太早了。”1992年，施振荣开始重掌帅旗，他决定按照自己的想法塑造宏碁，而不是仿效IBM公司。

在这个案例中，施振荣虽然在授权之后收权了，但是由于收权不及时，导致企业损失严重。这种现象值得每个领导者尤其是企业老板深思。

也许很多老板懂得授权，也懂得收权，但真正能做到“授收自如”的老板却不多，在这方面，刘邦可以称得上是“大师”。

韩信被萧何称之为“国士无双”的人才，但刘邦敢于放权给他，又能做到在恰当的时候把权力收回来，可谓收放自如。

当年刘邦拜韩信为大将军，并将兵权交给韩信，从此韩信手中经常握有数万军队，而且他所统帅的军队长期远离大本营。到灭楚前夕，韩信的兵力达到了空前的规模，其势力足以和刘郑、项羽相抗衡。如果这个时候遭到韩信的背叛，那么刘邦将前功尽弃。尽管刘邦对韩信有所顾忌，一直觉得他是心中的一块大石。但他依然大胆放权。

当然，刘邦也不是吃素的，他在放权给刘邦的同时，心中经常盘算着如何有效地控制韩信，以免韩信背叛自己。为此，他使用的最有效的招数就是每次韩信完成军事任务时，刘邦就收回韩信的军权。而且伴随着收权，刘邦经常会奖励韩信，封他爵位，赐他钱财。这样一来，很好地安抚了韩信。

刘邦之所以能做到将权力收放自如，总结下来有三个原因：

第一，刘邦总是在最恰当的时机收权，容易被人理解为是形势所需，减弱了韩信的反感。

第二，韩信被拜为大将军，甚至被封王，爵位步步高升，他感到心里踏实。

第三，刘邦对韩信的日常生活颇为关照，使韩信感到了受器重。相比之下，项羽听信谗言，一气之下收回范增的兵权，引起范增的极大反感，最后范增彻底对项羽失望了。

俗话说："水满则溢，月满则亏。"授权与收权是一对矛盾的统一体，总是此消彼长。在领导艺术中，随着企业处于不同的发展阶段，实际情况也会有所变化，因此，授权还是收权，应该结合实际情况，根据具体需要来授权和收权。

那么，哪些权力该授，哪些权力该收，这个问题不好一概而论，而要求领导者根据企业的具体情况来决定。一般来说，涉及到企业命脉的权力不能授，比如战略决策、财务决策等应由最高领导者自己掌控，而一些带有方法性的、具体事务的执行权限，完全可以授予给员工，以充分发挥他们的能力。

在授权之后，如果发现出了问题，领导者应该立即对授权事件进行检讨，思考问题出在哪里，找出症结。如果发现被授权者能力不够，无法胜任工作，应立即收回权力，然后选择更适合的对象进行再次授权。如果被授权者圆满完成了工作，应予以肯定和奖励，然后顺理成章地收回权力。要做到一事一授权，一事一收权，授权起始于任务的开始，收权起始于任务的完结。

授权之后一定要检查监督

说到领导的“授权”，给人的感觉是放弃控制，放任不管，让被授权者全权负责。其实并不是这样，领导者授权不代表放任不管，授权离不开事后检查和监督。

日本“经营之神”松下幸之助认为，领导者在管理中，必须遵循授权加控制的原则。如果不授权只控制，那么局面将会变成一潭死水；如果授权之后不加控制，后果将会是四分五裂——这就是授权的艺术。

王老板在2001年创办了一家企业，在十余年间，公司从原来的一家变成了4家，经营规模越来越大。在这个过程中，他已经变得越来越力不从心，因为他的个人精力有限，无法管理4家企业。为了让自己从日常管理中解脱出来，做更多的事情，比如，他想开更多的分店，于是他让自己的亲戚加入自己的企业。他让自己的哥哥管一家分店，让自己的嫂嫂管一家分店，让自己的妹妹管一家分店，让自己的表哥管一家分店。

开始的时候，他手把手地培训这些亲戚，等他们上手之后，他就开始完全放权，让他们全权负责店面的经营管理。在这期间，他从来不过问分店的事情，也不要求亲戚们向自己汇报工作，更没有走下去检查工作。因为他觉得都是自己人，没必要去检查，相信他们会用心做好工作。

然而，3年时间过去了，大家产生了不少矛盾与误解，亲戚们纷纷离开公司，自立门户，而且把分店的重要员工也带走了。一时间，各分店一下子垮掉了。面对这种情况，他不得不重新进入基层去做管理。一边忙着进货，一边忙着招聘员工。

这时他才真正发现，原来店内的很多制度都是白纸一张，员工工作作风散漫，对公司抱怨不止，不断有员工流失，客户的投诉也此起彼伏，业绩快速下滑，顾客不断流失，甚至很多工作都无法继续开展下去。

这样的案例在我们生活中并不少见，出现这种情况，根源在于老板放权之后没有检查和监督，导致授权后失控，最后企业管理混乱。

领导者要认识到一点：授权之后，如果从不过问、不干涉，就叫作弃权。授权就是授权，根本不是弃权，作为领导者，必须关注进程、关注成果。有些领导者在检查和监督下属时，让下属产生了不被信任的感觉，甚至感到压力巨大。

有一位被派驻在北美市场的高级业务主管表示："老板很'关心'我，经常派人来视察工作，而派来的人，每次都会召开主管会议，并让我们汇报业务发展的近况，那种威风凛凛的样子，让我想到了古时候皇帝派下去视察工作的钦差大臣，就差八抬大轿、敲锣打鼓、前呼后拥了。"

从这位主管的话中，我们可以感受到他所承受的压力。这种压力的产生，与老板检查和监督的方式不当有直接关系。那么，到底该检查到什么程度，监督到什么程度呢？对此，松下幸之助先生做得卓有成效。

在放权之后，松下先生不仅能够使授权者发挥最大的潜能，而且还能够把他们控制在自己的范围之内。他有一套自己的授权监督理论——60%智慧，即放60%，管40%。当他通过一定的程序选出被授权者，这时会使对方主动要求领导者的指导，这样一来的话不仅发挥了他们的积极性和创造性，而且还化解了由于检查和监督导致领导者与下属之间产生的不信任和猜疑。

在领导实践中，不少领导者经常感叹：任务布置下去之后，总有下属拖着不办，推一推，动一动，有些下属推都推不动。其实，出现这种现象，问题不在于员工，而是由于领导者监督不力导致的。如果领导者在布置任务之后，提出要求、任务完成期限，并有严格的检查和监督机制，那么就能彻底打消下属的侥幸心理和拖延心理，促使他们快速高效地完成工作。

有一位成功的企业家对授权做了很好的诠释："授权就像打篮球一样，不仅仅只是将球传到了谁的手里，责任就是谁的，然后就什么也不去管了。这时一定要考虑到整体局势，彼此照应。这样一来，被授权人的智慧才会获得增长，才能有足够的力量去完成授权任务。"对于授权的这件事，你可以放手不管，但是撒手不管这是万万不可的。授权之后，对于下属工作的完成情况要定时进行检查和实施监督。

一个聪明的领导者，在授权之后懂得寻找一个合适的机会，选择一个恰当的时机，使自己随时随地了解工作情况。当他们发现下属执行偏离轨道的时候，就会用恰当的方法将其拉回正确的轨道上来。形象地说，这就叫作"扶上马，送一程"。"送一程"这种方法能够确保被授权者在执行中取得更好的成效。这需要领导在放权之后不仅仅只是对下属说："现在，你可以放手去干了。"还需要领导者告诉下属："如果有需要，就来找我吧！"只有这样才能够驾驭你的员工，让他们对你不离不弃。

无为而治，管理不是越多越好

作为一个领导者，你所做的不是处处监视、处处管着员工，而是建立一个能让每个人都能成为人才的制度，让员工自发的工作，因为一个企业想要管理好员工，一个最好的方法就是让员工自我管理。

杰克·韦尔奇有一句经典名言："管得少就是管得好。"管得少却能管得好，是因为各种制度、措施真正发挥了主导作用。在严格制度的规范下，员工的积极性、责任感才能够得到有效的发挥，这对提高执行力、简化管理环节、减轻管理压力都有着重要的作用。以下这个例子就是一个很好的证明：

苏州某工业园区实行体制规范、政策透明的"授权管理"，先后制定了45项新的管理办法和实施细则，里面清楚地规定什么可行，什么不可行，哪类问题应该怎么做，都规定得非常详细。在"授权管理办法"实施以后，员工们发现，领导亲自过问事情的现象越来越少，但按制度办事的良好风气却在园区内逐渐形成。

由于少了很多管理环节，一些项目审批、海关物流、外事管理等看似复杂的问题变得十分简单而有效，园区的主要经济指标8年保持50%左右的增长速度。仅2002年全年的GDP总额就达到了252亿元，财政收入32

亿元。

管得少并不是说领导者的作用被弱化了，恰恰相反，由于在管理上变“人”治为“法”治，真正实现了企业的制度化，按照规章制度办事，这样不仅使得管理的效率大大提高，还可以使领导者从繁杂的管理事务中解放出来，更好地规划企业今后的发展。

台湾奇美公司是一家生产石化产品的企业，虽然比不上王永庆的台塑公司，但是它的生产力却是不容小觑的，比同行业高出了4倍。在20世纪70年代，奇美公司生产的产品掀起了石化业的一场革命，其生产的产品物美价廉，使得同行的美国和日本企业都畏之如虎。只要是公司想要投资的地方，同行业的公司都会退避三舍，不敢与之竞争。

为什么奇美公司有如此强大的竞争力呢？这得益于奇美公司董事长许文龙“无为而治”的管理方式。虽然许文龙挂着董事长的头衔，但是他就如同英国女王一样，只是一个十足的虚名，他对于企业内部大大小小的事情根本不会参与，而是全部授权给下属来打理。许文龙从来不做任何书面的指令，即使是和下属们开会也只是闲聊家常。大多数的时候他甚至不知道公司的图章放在哪里，更让人难以理解的是他连专门的办公室都没有。因为他基本上不呆在办公室，而是经常开车去外面钓鱼。

有一次，他在外面钓鱼时，突然遇到大雨，于是他就开车去公司避一避雨，顺便看一下公司。当员工看到他时，竟然惊讶地问道：“董事长，没有事您来干什么？”他想了想说：“对呀，没事来这干什么？”说完，一溜烟地开车离去了。

以上的案例告诉我们，作为老板，一定要信任员工，充分放权。“无为”并不意味着什么事情都不做，虽然许文龙表面看上去什么都没有做，但是实际上他对于奇美的发展了如指掌。“无为”是让企业在各种规章制度的规范下运行下去，就像钟表上的指针，即使你不在钟表旁，它也不会因为你的离开而停止运行。

海尔集团的董事长张瑞敏曾说：“对于海尔我一直以来主要用的方法就是无为而治。那些小事情就交给下属去做。我只抓大事：企业的文化、组织和战略。”在张瑞敏看来，“无为”中有“有为”，他认为“无为”就是企业的价值观，它是无形的，但也是非常重要的。在这个无形价值观的推动下，可以产生有形的企业发展成果。张瑞敏说：“所谓的超级领导就是当你的下属在离开你的领导后还能够正常地工作。”

纵观中小型企业的一些领导者，他们往往缺乏无为而治的自信和勇气。据相关人士调查分析称：“中国企业每个层次上的领导者往往把80%的时间都用在管理上，用于工作上的时间只有20%。”大多数的领导者习惯于做什么事情都亲力亲为，对员工不放心，常常去干预，每个环节、每道关他们都要严把关。一直以来都不敢放手让属下去做。结果领导者忙得团团转，企业到最后却在生存的边缘上苦苦挣扎。究其原因，就是因为领导者管得太多造成的。

因为管得太多，领导者顾此失彼，漏洞百出，问题不断出现，使企业利益严重受损；因为管得太多，领导者终日奔波，最后没有精力抓战略、制度，在工作上很难取得实效；因为管得太多，员工的积极性和创造性会严重受挫，会变得越来越束手束脚。这样一来，企业就会缺乏生机、缺少活力。

领导者管得太多，对于员工来说是不利的。在这方面，我们可以用“大象理论”来加以阐述。大象在很小的时候，饲养员就会用一条链子将小象拴住，使它没有力气挣扎。时间久了小象自然也就失去了挣扎的习惯。直到它长大时，虽然有足够大的力气去挣脱铁链，它也不再去挣脱。

其实，领导者对员工管得过多、管理过严，最终就会把员工变成不想挣脱铁链的大象。使员工形成依赖性，不会主动地去思考、创新，不会独立地、自信地完成工作。在这种情况下，员工不可能获得成长，不可能变得出色。因此，领导者应该从一开始，就放开拴住“大象”的“铁链”，即使你觉得员工能力不够，也要给他机会去尝试、去锻炼、去成长。这样员工才可能在某一天，成为独当一面的人物，去分担你管理上的压力，帮你实现无为而治。

第四章

管下属以人为本，用真情去换取下属忠心

一个亲民的领导者，一定是下属喜欢的领导者，而领导者之所以让下属感觉到亲民，不仅要给下属以亲切感，更要对下属拿出真情，拿出实实在在的关心，这样不仅能博得下属的敬佩，更让下属对你忠诚不二。

领导者必须尊重每一位员工

作为领导者，应该经常想想怎样更好地管理员工。而管理员工首先要尊重员工。许多管理者认为，自己是领导者，员工是下属，因此理应受到员工的尊重，哪有做领导者的尊重下属之理？持这种观点的领导者，只是将自己扮演成一个发布命令的角色，十有八九是得不到员工的拥护的。而受下属喜欢的领导者则不会这样做。

土光敏夫是日本企业界的权威人士，他曾经为日本经济振兴做过巨大贡献，特别是在他后半生里更是宝刀不老，业绩斐然。土光敏夫68岁就任东芝社长，但是他依然遍访东芝各地工厂和营业所，同许许多多的员工进行交谈。一次，他到了川崎的东芝分厂，厂里的员工说：历任社长从来没有来过厂里，如今土光社长一来员工们干劲儿十足，社长还说总部的办公室完全对员工开放，员工们有什么样的问题尽管提出来。刚刚开始的时候员工们还不够踊跃，但到了后来他的办公室就变得门庭若市。

土光敏夫认为，管理者有责任为员工提供好的工作环境，让每个人都发挥所长。

根据这种想法，他在公司实行“自己申报”与“内部招募”相结合的人事制度，如果员工认为自己在哪一方面比较擅长，就可以自动申报；同时，公司某个部门需要某一类人才时，首先可以在公司的内部进行人才的招募，以鼓励员工在公司内做充分流动。这样的想法取得了很好的效果，工人们干劲充足，公司业务蒸蒸日上，并赢得了全球的美誉。

企业管理的中心是对人的管理，人与人之间虽然职务不同，但在人格上都是平等的，只有在平等的基础上管理，才能激发出员工的忠心。

满足被尊重的欲望，员工们的积极性才会被调动起来。因此对领导者而言，要想成功地激励员工，一定要像尊重专家那样尊重每一位员工。领导者应该清醒地认识到：领导和员工之间没有贵贱之分，有的只是级别之分。在这层认识的基础上，领导者应争取做到尊重员工。

尊重员工，领导者也就解除了与员工之间的感情障碍，会得到员工的拥戴；员工的被尊重这一需要一旦得到满足，他们从内心里就会产生优越感和强大的自驱力，并能高效率地完成工作任务。所以，著名管理专家H.罗斯·佩罗特说："永远不要对你的员工颐指气使。如果你自以为是、任意行事，员工们就会变得唯唯诺诺，这样一来，他们的创造力也就无从谈起，结果也就可想而知。而且，从某种程度上来说，也没有几个人能容忍一个滥用特权的上司。"

总之，所谓好的领导者乃是尊重人的领导者，他并非以工作为重心加以监督，而是以人为重心加以信赖，对下级从不以支配者自居，是一种懂得下属心情与立场的领导者。员工得到上司的尊重，心中就会有满足感，他们更会竭尽全力做事。

对于企业的员工而言，最能体现其价值的除了报酬外，尊重应该是最起码的体现。然而，总是有一些企业的领导者想尽各种办法监控员工的行为，甚至干涉员工的隐私，结果却引起了激烈的争论。

现在是知识经济时代，作为现代领导者，需要懂得用巧妙的手段管理员工的艺术，而不是借助一些高科技的方法给员工制造心理压力。如果要让员工踏踏实实地为企业服务，就应该给予他们足够的空间，这个空间包括他的个人自由。作为领导者，有必要对员工的隐私给予基本的尊重，而不是成天寻思如何破译员工的邮箱密码、查看其上网记录，甚至对员工的任何事情都要刨根问底。没有树立自觉工作的企业文化就不能激励员工努力工作的热情，手段再先进也无法让员工人尽其才，相反只会引起员工的反感和误会，使事情变得越来越糟。

作为一个企业领导者，应该要有一个宽广的胸怀。如果凡事都要求员工的思维和自己一致，那么这对于自己、企业都是不利的事情，那企业谈何创新？当你遇到困难时，你周围的人并不能帮你，因为你们的想法和做法都如出一辙。

惠普中国公司原副总裁吴建中曾说过，一个好的企业和好的经理人要始终牢记这一条：他的职责是帮助员工成功，如果经理用权力欺压员工，就不是一个称职的经理，至少不是一个具有现代意识的经理，怎么看他也像一个旧社会的工头，经理最重要的事情是要用他的权力、他的专长、他的影响力来帮助员工成功。

“以人为本”强调的是以人为中心，即尊重人、理解人、关心人、依靠人、发展人和服务于人。其核心是尊重人、激发人的热情。其着眼点在于满足人的合理需要，从而进一步调动人的积极性。在企业，“以人为本”应该体现为领导者和员工相互为“本”：一方面，领导者是企业的核心与灵魂，“火车跑得快，全凭车头带”，作为企业员工，应该尊重、理解和支持企业领导者，以领导者为本；另一方面，作为企业领导者，更要懂得“众人划桨开大船”的道理，要尊重、理解、关心员工，多为他们创造成功的机会，这样，员工才会对领导者不离不弃。

用感情的绳索才能绑住真英雄

情，是这个世界上最为结实的绳索。它割不断，理还乱，甩不掉，逃不脱。每一个领导者都应当明白，让那些真正的英雄生死相许的不是金钱和地位，而是一个“情”字。一个关切的举动，几句动情的话语，几滴伤心的眼泪，往往比高官厚禄的作用还要大上千万倍。它所影响的除了受惠人，更有其他所有知晓此事的人。可以说，“情”是多种赢得人心的方法的最佳选择。每个成功的领导者，以情让“真英雄”为自己卖命的本事都是炉火纯青，登峰造极。

李泌是唐朝中期一位著名的智囊人物，他历仕四代皇帝，尤其是安史之乱后，辅佐唐肃宗时，为平定叛乱、稳定政局、重建唐朝做出了出色的贡献。他不贪求功名利禄，在战乱平定不久，迫害的阴影向他袭来时，他见机而行，告退政坛，归隐衡山，遨游于林泉之间，与麋鹿为伍，同道士结伴，不食荤腥，过着一种闲云野鹤般的生活。

唐代宗继位以后，又派使臣将他从衡山接了出来。代宗对他十分礼遇，专门在宫中给他建了所书院。一年的端午节，王公大臣、后妃公主都有礼物献给皇帝，只有李泌什么礼物也没有，他对代宗皇帝说：“我住在宫中，从头巾到鞋袜都是陛下所赐，我所有的只是自己的身体，我拿什么贡献？”

代宗说：“我所要你贡献的，正是你的身体。”

李泌说：“我的身体自然是属于陛下，否则还能属于谁呢？”

代宗说："当年先帝想委屈你出任宰相，却没能办到；现在既然你贡献出了自己的身体，那就要由我来安排，你就做不了主了。"

李泌十分吃惊，忙问："陛下想要我干什么？"

代宗说："我想要你饮酒吃肉，娶妻成家，做官受禄，成为一个世俗之人。"

李泌流泪请求说："我不食人间烟火达二十余年，陛下何必非要使我改变志向呢？"

代宗说："你哭也没有用了，你住在九重深宫之内，还能到哪里去？"

于是，为他娶了名门望族卢氏姑娘为妻，所有婚事费用，全由代宗支出。

皇恩如此浩荡，李泌再无别的选择，只好卖命了。

现代社会中，也有不少善用情感绑住人才的领导者。美国的斯凯特朗电视公司总裁阿瑟·列维就是一位体恤部下、爱惜人才，善于用情感驾驭部下的企业家。

为了研制闭路电视，列维聘用了一位颇有才干的青年技师比尔。比尔一上任，就一头钻进实验室，整整干了一个星期。在工作最紧张的时候，比尔一连几天都不离开实验台，连饭都是请人给他送去的。

实验告一段落后，疲惫至极的比尔好像老了十来岁，他倒头就睡，过了一天一夜才醒过来。

看到因休息不足而眼窝深陷、神情疲惫的比尔，列维深受感动。他拉着比尔的手，真诚地说："我希望你改变一下工作方式，否则，我决定停止闭路电视的研制工作。"

"为什么？"比尔一时有些迷惑不解。

列维心疼地说："因为像你这样不分昼夜、不顾性命地工作，不等新产品问世，你就垮了。我宁愿不做这种生意，也不能赔上你这条命。"

比尔看到列维对自己的关心感到十分的宽慰和激动。他说："干我们这一行的人都是这样的，没事，已经习惯了。"

列维听了这句话，眼泪忍不住地流了下来。他伤感地说道："是的，搞研究的人少有长寿者。但我希望你能够注意一点，虽然我们相处的时间很短，但是我知道你已经尽力了。不管实验成功与否，我是不会责怪你的，你也不必为此感到自责。"

比尔非常感动，萌发出一种愿为列维"赴汤蹈火"的豪情和勇气，此后，他一如既往地从事他的研究。不到半年，闭路电视终于研制成功。这项新技术的问世，为斯凯特朗电视公司的发展奠定了坚实的基础。

虽然这是发生在美国的事，但相信很多人在读这个故事时都会感慨：多么厉害的列维！他不需花一分钱的感情赢得了人才的心！我们有理由相信，此后，比尔绝对不会轻易离开列维的公司。

人是感情最丰富的动物，很难逃脱感情的束缚；同时也是最需要激励的，这种激励是持久而深入人心的。"感人心者，莫过于情"，真情能够充分地体现我们对能人的重视、信任、关爱之情。

对于那些比较有才能的人来说，最忌讳的事情就是被人当作一台赚钱机器。压榨与不加爱惜地使用会令他们心寒、辞职。只有彼此间真情相待，才能与他们建立默契的关系，并把他们牢牢地绑在自己身边。

有一点是要记住的：虽然说感情是一种很好的"绑人"手段，但这感情至少看起来是发自内心的。高级人才的感觉往往很敏锐，如果他们觉得你是以虚情假意来糊弄人，结果反而会适得其反。

感情投资是最有效的领导艺术

如果你问员工："你工作的目的是什么？"可能大多数员工都会不约而同地说："赚钱。"所以，有些领导者首先应该让员工获得与之能力相匹配的薪酬，得到更好的福利。但是，让很多领导者感到头痛的是，当员工的薪酬水平达到了一定水平、福利也有所保障时，员工还不用心对待工作，企业人员仍然流动率颇高，团队凝聚力不强。

那么，怎样才能解决这一难题呢？怎样才能让员工服从管理、忠于自己呢？

《战国策·韩策三》中的一句话告诉了我们答案，这句话叫"用兵之道，攻心为上，攻城为下。心战为上，兵站为下"。所谓"攻心""心战"，指的就是想办法征服员工的内心。而征服员工内心的最有效方法，就是对员工进行感情投资。

日本经营之神松下幸之助是一个非常擅长对员工进行感情投资的老板，他曾说过："最失败的领导者，就是那种员工一看见你，就像鱼一样没命地逃开的领导者。"为了让员工喜欢他，喜欢他的企业，松下幸之助每次看见员工时，都会礼貌地和员工打招呼，对员工说一声："辛苦了。"

当松下幸之助把员工叫到办公室谈话时，每次都会亲自为员工沏上一杯茶，并充满感激地说："太感谢了，你辛苦了，请喝杯茶吧！"正是因为在这些小事上，松下幸之助都不忘记对员工表达爱和关怀，所以，他得到了全体员工的一致拥戴，大家都心甘情愿地跟随他。

对员工进行感情投资是一本万利的，日本麦当劳的社长藤田在自己的著作《我是最会赚钱的人》中表示，他把所有的投资分类研究后发现，感情投资是所有投资中，花费最少，回报率最高的。感情投资重在对员工表达情义，让员工看到你对他们的重视，对他们的关爱，从而赢得员工的好感。感情投资可以激发出员工工作的积极性，促使员工产生巨大的创造力，这是任何一种投资都难以超越的。

春秋战国时期，吴起以卓著的军事才能和辉煌的战绩被人们熟知，他率领的军队几乎每战必胜。他的军队为什么有如此强的战斗力呢？这除了与他杰出的战略指挥才能有关之外，还与他卓越的领导力密切相关。

据说，吴起带兵打仗的时候，经常和下层士卒同衣同食。他睡觉的时候不用席子，行军时不骑马坐车，而是亲自背干粮，和士卒共担劳苦。有一个士卒生疮了，吴起居然亲自用嘴为他吸脓血。这个士卒的母亲得知这件事后，大哭起来。有人问她："你儿子是士卒，将军亲自为他吸脓血，你为什么还要哭呢？"

士卒的母亲说："吴将军以前为孩子的父亲吸过疮上的脓血，他父亲特别感动，作战的时候一往无前，最后战死了。现在吴将军为我儿子吸脓血，我不知他会战死在何处，所以我哭。"后来果然如这位母亲所料，他儿子为了报答吴起的恩情，最终战死沙场。

吴起身为大将军，对士兵关怀备至，做出为士兵吸脓血这等事，这恐怕是很多父亲、母亲都难以做到的。所以，士兵肝脑涂地，在战场上卖命，一点也不奇怪。从这件事中，我们可以发现：如果你想让员工为你卖命地工作，就有必要对员工进行感情投资，从心理上彻底征服员工。

实际上，国外很多企业都很重视对员工进行感情投资，以留住人才，保证团队的凝聚力。比如，摩托罗拉公司通过“肯定个人尊严”来维护员工的尊严；大众汽车公司通过“时间有价证券”给员工提供更多的自主权；丰田汽车公司通过“没有许诺的终生雇用”来赢得员工的忠诚。通过对员工进行感情投资，这些企业很好地调动了员工的积极性和创造力，增强员工对企业的忠诚度，从而提高了团队的凝聚力和战斗力。

其实感情投资非常简单，在日常工作的一点一滴中，都能加以运用。比如，有这样一个例子：

某企业的总经理每天早晨开会时，第一句话总是：“大家早上好！”看似一句平常的问候，却能给员工带去一种轻松愉悦的心情。当员工在工作中出现失误时，他总是说：“你比以前做得好多了，以后更加细心一点，你会更出色的。”一句表扬暗含了批评，给员工留足了面子，保护了员工的自尊心。

每天下班时，他总忘不了对大家说一声：“辛苦了！”一句平淡的勉励，帮员工们卸下了劳累一天的精神负担。在这位总经理的带领下，企业每年都能获得不俗的效益，员工们在获得心理满足的同时，也获得了不菲的收入。大家都觉得在这家公司里工作，充满了价值感。

这位总经理的高明之处就在于懂得关爱员工，以满足员工的心理需求。由此可见，感情投资对员工可以产生强大的感染力、征服力。

人都是有感情的，也许一个人会拒绝别人的金钱，不接受别人的礼物，但是他绝不会拒绝别人对他的尊重和关爱。特别是那些有才能的人，他们往往对小恩小惠不屑一顾，但是如果你能让他们觉得你真心对他们好，真心器重他们，那么，他们会很乐意用实际行动回报你。

作为企业的领导者，只有当你真正关心、爱护员工时，你才能赢得员工的信任和好感，才能调动起员工的积极性，从而促使他们尽心尽力地工作。俗话说“将心比心”，你想要员工怎么对待你、怎么对待工作，你就先学会怎样对待员工吧，只有当你付出爱和真情，你才能在工作中一呼百应。

从小事着手温暖员工心

善于以情攻心的领导者都非常注意细节，他们从点滴做起，通过一些小事温暖员工的心，让下属在不经意间感受到领导真诚的关怀和无限的温暖。

小事足可以折射出一个领导者品质的整体风貌和管理艺术，员工会通过一些鸡毛蒜皮的小事，去衡量你、评判你。

假如，你的下属生病了请了十几天的假在家养病，今天，他恢复了来公司上班，这时你正好和他迎面走过，难到你不会上去说几句关心之类的话吗?

再比如，你手下的一位年轻员工在工作上取得了突出成就，为本企业做出了杰出的贡献，又或者找到了一位伴侣，不久要喜结良缘，难道你就不冷不热、无动于衷地不加一声称赞祝贺的话语吗？看上去似乎是再平常不过的事情，但是要想成就大事往往必须先从小事做起，从点点滴滴做起，这两者之间是相互联系，相互影响，相辅相成的。领导者必须要善于处理好其中的关系，使两者相得益彰。

如果领导者能在许多看似平凡的时刻，勤于在细小的事情上与下属沟通感情，经常用“毛毛细雨”去灌溉员工的心灵，上下关系就会像禾苗一样生机勃勃，茁壮成长，最终必然结出丰硕的果实。

那些关心不只是说说就可以了，需要用自己的实际行动加以证明，在一些细小的事情上让员工看出你的关心和体贴，这无疑是你对下属最好的赞赏，这也是充分调动员工积极性和创造性的绝佳手段。这种方法可以在下列场合中收到最好的效果。

1.记住下属的生日，在他生日时向他祝贺

现在人们在生日时习惯于庆生，在生日这天往往都是和自己的家人朋友一起庆祝。聪明的领导者善于“见缝插针”，使自己融入到庆生宴中成为庆祝的一员。有些领导者惯用此招，每次都能给下属留下难忘的印象。或许下属当时体味不出来，当换了领导的时候他自然而然地会想到你。给下属庆祝生日，可以买个蛋糕、发点奖金、送一束花等等，效果都很好，借机说上几句赞扬鼓励的话，更能起到锦上添花的效果。

2.下属住院时，领导者一定要亲自探望

一位非常普通的下属住院了，领导者亲自前去探望，并对员工说：“当你在的时候也没有感觉你做了多少贡献，但是现在你不在岗位上感觉所有的工作都没有了头绪，赶紧安心把病养好，康复后继续工作！”结果，这个下属感动不已，出院后更加努力地工作，为他的上司也挣了更多的成就。一些领导者对于这样的事情不是特别的重视，其实下属住在医院心里会惦记着领导是否会来看看自己，如果领导不来，他将会感到非常的失望，不免会嘀咕：“平时一副假惺惺的样子，现在都住院了也不知道来探望一下，真是卸磨杀驴。没良心的家伙！”

3.关心下属的家庭和生活

家庭幸福和睦、生活宽松富裕无疑是下属干好工作的保障。如果下属家里生活很拮据或者是出了什么事情，但是领导者却装作视而不见，那么对下属再好的称赞也只会让下属觉得是惺惺作态。

有一个文化公司，职员和领导大部分都是单身汉或家在外地，就是因为通过这些人共同努力将公司经营得红红火火。这家公司的领导非常高兴，他们并没有将这种表扬仅仅限于口头上，而是注意到职工们没有条件在家做饭，吃饭很不方便的困难，于是在公司里建起了一个食堂，解决了员工的后顾之忧。当职工们吃着公司小食堂美味的饭菜时，能不感激领导的爱护和关心吗？能不意识到这是领导为他们着想吗？

4.抓住欢迎和送别的机会表达对下属的关心

人员的调动对于领导者来说是最平常不过的事情了，但是一个比较粗心的领导者就会认为这不是什么大不了的事情，也不过就是来个新手或走个老部下，愿来就来，愿走就走。这样的思想是非常不可取的。

一个善于体贴和关心下属的领导者的做法与此截然不同。当下属来到公司上班的第一天，聪明的领导者会悄悄地把新下属的办公桌椅和其他用具收拾好，而后才说："小陈，欢迎你来到我们公司和我们一起同甘共苦，办公室里面的东西都准备好了，如果还有什么需求的话你尽管提出来。"

老下属离开时也是如此，聪明的领导者不会用语言表达对下属的挽留之情，而是会做一些让对方满意的事情以此来表达惜别之情。

给落后的下属一些关心和帮助

当一个人在最无助最需要帮助的时候，一旦你给予他帮助，哪怕他明知你只是举手之劳，他都会发自内心地感激你。

在工作中也是一样的，如果领导者能给予落后的下属以关怀和帮助，那么，下属就会心存感激，并通过更加努力的工作来回报你对他的关爱。

下属中总有那么一些人，尽管工作态度很认真，能吃苦，听指挥，但工作总是干得不如别人好，有些力不从心。其中有些人常常变得精神颓废，没有干劲，自暴自弃，见人不敢抬头。如果放弃不管这些人，无论是对团队还是对他们个人，都是极大的损失。

某厂一个小组的老组长就是运用关怀的办法，使一些后进职工成为先进者的。

当班组重新组阁时，一名青年工人成了各班组推卸的包袱。原因是他入矿450天，旷工137天。老组长主动接收了这位小青年。虽然老组长抓得很紧，想了许多办法，小青年还是旷工。一天，老组长外出开会刚回矿里，就见这位小青年无精打采地躺在床上。用手摸了摸他的额头感觉到很烫手，于是老组长二话没说马上把他背到医院检查，后来全组的同事都一起去医院看望他。当同事们将水果、花篮和香喷喷的鸡汤送到他面前的时候，他紧紧地握住同伴的手，泪水划过了眼眶激动地说："我真对不起组长和大伙的这一片心哪！"他病痊愈之后就上班了，并在当天出色地完成了任务，提高效率50%。从此，这位小青年不但遵守纪律而且比以前工作更加努力了，成为小组人员都学习的榜样。

此外，这个小组对之前犯过错误的人也一视同仁。之前有一个年轻人由于偷盗被关进大牢3年。刑满后回到矿上，这一组的领导要求把他调回来。工友们为他四处找住处，由于他的身体不是特别好，所以为他申请了困难补助，每天4根柱的任务，帮他干一半，一连就是3个多月。大伙儿的一片真情，终于温暖了他的心。在小组开会的时候他激动地说："以后我一定干出个样子给大伙儿看看。"从那以后他和全小组的成员一起努力将工作做到最好，成了一名生产上的虎将，连续两年被评为先进生产者。

这就是关怀的力量。大多数的领导者一般只在意那些有才华、有突出成就的人，常常提拔、表扬他们。却很少去关心那些能力低、成绩差的人。但是，在一个团队里，才华横溢的人只是占少数，而才能平庸和低下的则是多数。如果扔下这些人不管，想要提高团队的素质是非常困难的，也不能指望赢得团队成员对你的广泛拥护。所以，领导者对于那些能力低的人要多一些关心和帮助。这样不仅能够顺利地完成工作还能够得到他们的支持。

除了以上案例中提到的帮助落后者的方式以外，领导者还需要怎样帮助这些人呢?

1.消除他们的自卑感

人有了自卑感后做什么事情都很难将自己真正的能力发挥出来。其实，除了少数能力特别突出的人外，大多数人的能力都是差不多的。如果能够让他们对自己更加有信心，从而消除自己的自卑心理，那么同样可以获得与那些能力强的人一样的成果。所以，领导者要多关心关心这些人，常常与他们进行交流，让他们知道自己的优点和成绩，证明他们并不比别人差多少，也一样可以干得很出色，从而进一步激发他们的自信心和上进心。

2.为他们开小灶

对这样的下属需要花比别人多一点的时间和精力。给其他下属布置工作，交代清楚就可以了；但是给这些人布置工作的时候，说的要更具体明确一点，不仅要交代任务，而且要教给途径、教给方法。在还未完成任务之前要加强指导，帮助他们克服困难，清除障碍，使他们不断地积累经验，满怀信心地发挥自己的才干。

然而，领导者不可能手把手地教他们一辈子，所以只能提高他们自身的能力。也就是说，对能力低的人，最好的办法不是“喂”他们，而是应该想想法到底怎么样才能够让他们想到自己把肚子喂饱的方法。

3.不要损伤他们的自尊心

那些能力比较低的人，往往自卑感较强，自尊心也很强。在面对这样的人，安排工作时不要损伤他们的自尊心。批评他们的时候也要注意语气，否则容易使他们产生敌对心理，或从此自暴自弃、破罐子破摔。

4.让他们先出成绩

安排工作时，找一些相对比较容易的工作让他们干，完成得好，出了成绩，哪怕是小小的成绩，你都要立即表扬鼓励，让他们从自己的成功中看到希望，增强信心。随着其能力的不断提高，对他们的要求也应不断提高。相信过不了多久，他们的能力就会有很大的提升。

5.必要时给点压力

对于能力低的下属，给他们开“小灶”是必要的，但也不能因此而娇惯他们，让他们过于轻松。要在适当的时机给予他们一定的压力，特别是当他们的能力有一定的提高了之后，要时常给点压力，或是用别人的事例“激”一下，或是用语言“点”一下，或是在工作上适当“加点码”，让他们将压力化为动力。

相信在你的帮助下，你的下属也会得到一定的提高，也会因此对你心怀感激，而更加努力地工作。

老板不要轻易解聘手下员工

老板解聘员工是一件颇为无奈的事情，身为领导者，决不能自恃手握大权，就凭着主观喜好，或因看不惯某些员工而解聘员工。因为这种做法与古代君王随意斩杀臣民无异，是残忍、冷酷、没有人道的。所以，但凡有仁爱之心的领导者，往往不会轻易解聘员工。

1974年，地产建筑业进入了萧条期，大量的建筑工人失业，建筑师们也无事可做，普遍面临着失业的危险。很多建筑公司纷纷辞退员工，但是胡应湘却不这么做，他对建筑师们说："当前是行业的困难期，也是我们公司的困难期，请大家原谅我，我不能给你们加薪。如果你们觉得工资待遇低，想离开，我不阻拦；如果你们没有更好的去处，我欢迎你们留下来，大家同舟共济，共同渡过难关。"

建筑师们听了这番话，十分感动，认为胡应湘虽然在工作上严厉，但是关键时刻，不轻易抛弃他们，这是一种善良、富有人情味的表现。从那以后，大家忠心耿耿地跟着胡应湘，成为他事业发展的中坚力量。

胡应湘认为，企业培养一个人才是不容易的，但丢掉一个人才却非常容易。因此，他一直坚持让员工为企业终身效力的用人思想，不到万不得已的时候，坚决不解聘一个员工。当员工在工作中表现不好时，他会像家长一样训斥员工。但在平时，他不忘对员工表达慈爱之心，像父母一样关怀着员工。如果有员工提出辞职，他会首先反省自己，看自己是不是哪些地方做得不好，然后再诚意地挽留员工。

身为老板，胡应湘以人为本、尊重人才这一方面观值得每一位领导者学习。老板多给员工一些关心和指导，给员工一些尊重与厚爱，才能激发出员工内心深处的感激之情，使企业充满凝聚力，从而把企业经营得更好。

世界华人首富李嘉诚就是一个富有同情心的人，不到万不得已，绝不辞退员工。他叱咤商界六十余年，名下企业经久不衰，这与他对人才常怀仁爱之心是分不开的。

在创业初期，李嘉诚由于经营不善，导致长江塑料厂濒临倒闭。为了降低成本，改善经营状况他不得不裁员。为此，他召集全体员工，坦率地向员工说明了公司的情况，还当着全体员工的面说："一旦厂里有了转机，就将那些辞退的员工叫回来上班。"李嘉诚的一言一语，把在场的员工都感动了，大家的情绪得以平复，大家的士气也得到了鼓舞。

随后，李嘉诚开始有计划地拜访银行、原料供货商及客户，向他们解释厂里所遇到的困难，诚恳地向他们请教如何渡过难关，还请求银行放宽对他们还款的期限。面对李嘉诚的诚恳态度，大多数人都能谅解他，而且如果长江塑料厂倒闭了，对他们也没有任何好处。因此，银行、原料供货商和客户都做出了不同程度的让步。

之后，李嘉诚将库存里的产品分类，慢慢收回了一部分货款，偿还了一部分债务。

在亲戚朋友的帮助下，他筹集了一些资金，用于购买原料、添置新机器，又重新获得了订单。于是，他把那些被辞退的员工叫来，让他们重新回到厂里上班。

在辞退员工这件事上，李嘉诚不仅表现了仁爱之心，还做到了说话算数。正如他本人所说："信誉是不可以用金钱来估量的，它是一个人的金字招牌，这块招牌是无形的资产，而金钱是有形的资产。如果一个商人想要出人头地，必须要懂得经营和挖掘自己的无形资产，把无形资产变成有形资产。"李嘉诚的无形资产除了讲信誉，还有重人才，他无奈之下辞退员工的行为，恰好说明了他重视人才。

不要轻易解聘员工，不等于打掉牙往肚里吞，纵容不合格的员工。身为领导者，在解聘员工时，有必要综合该员工各方面的表现，看看他的能力怎么样，人品如何，是否认同公司的价值观？是否遵守公司的制度？能否为公司创造价值？如果答案是否定的，像这种员工就是企业的毒瘤，是企业的累赘，不解聘还留着干什么呢？但是，员工做一份工作，往往是为了养家糊口，遭到解聘，往往是一家子受累。所以，不轻易解聘，体现的是领导者的仁爱之心，更是赢得员工忠诚的最聪明的做法。

第五章

得饶人处且饶人，对下属要多一些宽容心

宽容是领导者的一种领导艺术，也是低调做人的典型表现。领导者的宽容品质不仅能使下属感到亲切、温暖和友好，获得安全感，更能化为启动下属积极性的钥匙，激励下属自省、自律、自强，让他们在感动之余甘心情愿地为自己效力。

给予下属再来一次的机会

《菜根谭》里面有这样一句话："宽人之恶者，化人之恶者也；激人之过者，甚人之过者也。"意思是说：宽恕别人的错误，就等于帮助别人改正错误；用激烈的态度对待别人的错误，就是要让别人错上加错。

没有人愿意犯错误，但是人非圣贤孰能无过呢？面对着一个犯了错误的下属，你是愿意严加斥责，使他从此以后在工作中畏首畏尾呢？还是愿意通过帮助使他认识到错误并加以改正，从哪里跌倒再从哪里爬起来呢？

其实，下属犯了错误，最痛苦的是其自身，应该给其改正错误的机会。给予下属再来一次的机会，常会收到一石三鸟的用人效果：一能使其感激领导者的宽厚仁慈；二能使其痛悔自己的过错；三能使其拼命工作，以便将功补过。而且，实践表明，有过错的人往往比有功劳的人更容易接受困难的工作。使用有过错的人实际上就是对他的一种强大的激励，可以使其一跃而起，创造出令人"刮目"的成绩。

同时，对于一个有才能的人来说，他最需要的就是有一个可以证明自己能力的机会，特别是当他受到别人的歧视冷落时，这种愿望就更为迫切。如果他一旦找到这样的机会，就会发挥出超乎平常的热情和干劲儿，以此去弥补以前的过失。

在美国南北战争期间，有一个名叫罗斯韦尔·麦金太尔的年轻人被征入骑兵营。由于战争进展不顺，兵源奇缺，他没有经过任何的训练就急急忙忙地被派上了战场。在战斗的过程中，战争的场面对于年轻的麦金太尔来说是非常残酷的事情，当他看到那血肉横飞的场面时他吓得两条腿直哆嗦，终于受不了这种折磨他逃跑了。但是没过多久他就被抓了回来，军事法庭以临阵脱逃的罪名判他死刑。

当麦金太尔的母亲知道这个消息之后，她立即向林肯总统发出请求。她说自己的儿子还非常的年轻不懂事，请总统再给她儿子一个将功赎罪的机会。然而部队的将军们力劝林肯总统严肃军纪，如果开了这个首例，整个部队的战斗力必将大大地削弱。

在这样的情况下，林肯觉得十分为难。经过一番深思熟虑后，他最后决定给这名年轻人一个机会，并说了一句很有道理的话："我认为，把一个年轻人枪毙对他本人绝对没有好处。"于是他亲自写了一封信要求那些将领们将麦金太尔放了："本信将确保罗斯韦尔·麦金太尔重返兵营，在服役完规定的年限后，他将不受临阵脱逃的指控。"

现如今，这封泛黄的褪了色的林肯的亲笔签名信，被收藏展览在一家著名的图书馆。在这一封信的旁边还有一张小纸条，上面写着："罗斯韦尔·麦金太尔已经在弗吉尼亚的激战中牺牲了，此信是在整理他的遗物时发现的。"

一旦被给予第二次机会，麦金太尔就由怯懦的逃兵变成了无畏的勇士，并且战斗到自己生命的最后一刻。由此可见，宽恕的力量是何等巨大。

从古至今，大多数的领导者对待犯错误的属下还是比较仁慈的，不是将其调走，就是不再委任重要性的工作。而少数领导者就是喜欢"痛打落水狗"，下属越是认错，他咆哮得越厉害。他心里是这样想的："当初我说的话你不放在心上，现在出事情了你再来认错，我是绝对不会轻易放过你的。"

这样做会是什么结果呢？一种可能是被上司骂完之后垂头丧气；另一种可能则是被骂之人忍无可忍，最后勃然大怒，重新"翻案"并大闹一场而去。这种情况下，下属的心理是这样的：我做错了事情已经认错了，我已经认了错，你还抓住我不放，实在太过分了。

世上没有十全十美的人，谁都不能保证一辈子都不会做错事情。所以，当身边的人犯错误的时候要有像大海一样的胸怀，不要因为对他们的期望高而求全责备。对于那些犯错的下属，你应当对各种情况进行分析，在此基础上去理解和原谅他们。作为一个领导者，首先应该认识到，只要是人犯错误就是在所难免的事情，就连自己恐怕也难以避免。因此，就算是因为对方个人的原因，你也要采取一种宽容的态度，毕竟不能因为一次过错就否定整个人。所以，这就需要抱着一颗平常心去对待有可能出现的过错。

只有第二次机会才有可能弥补先前犯下的过失。如果你能宽容一点再给他一次弥补的机会，去鼓励他，而不是打击他，你就会看到一个不一样的结果。

能容人之短方可吸纳更多人才

领导者不仅要有像大海一样的胸怀来宽容别人，同时还需要包容别人的短处。只有做到心胸宽广才能够吸纳不同的人才。古语说得好："水至清则无鱼，人至察则无徒。"对待别人犯下的错误不要太斤斤计较、耿耿于怀，以免人心离散。有时候应该视而不见，充耳不闻，假装糊涂，只有这样才能够留得住更多的人才。

子顺对魏王说："英明的君王对待臣子，主要看道德如何，不因为他身上的小毛病而妨碍他的整个人格。"

《列子·杨朱篇》中也写道："要办大事的人，不计较小事；成就大功的人，不考虑琐碎。"

柳宗元说过："大玉上的瑕点，怎么可能损害它的光泽呢？"

伍子胥对陈惠公说："用其之长，避开其之短，则天下人皆可用。"

子思住在卫国时，向卫君推荐苟奕说：“他的才能可以带五百辆战车打仗，可任为军队的统帅，如果得到这个人就会无敌于天下。”卫君说：“以他的才能我知道他可以胜任这大将一职，但是当他还是小官的时候，到老百姓家里收租吃过人家里的鸡蛋，所以这样的人是不能用的。”子思说：“英明的人选用人才，就类似于一个木匠选用木材。有用的部分就留下，没有用的部分就扔开。所以杞树、梓树有一围之大，但有几尺腐烂了，但是一个好的木匠为什么不放弃它呢？因为他知道毕竟没有用的地方是很少的，而大部分都是有用的，最后做成了非常精美珍贵的器具。现在您处在战乱时期，需要更多的人才来助您一臂之力，而您因为鸡蛋这种芝麻点的小事就否定了一个人，这种事千万不要让邻国知道了！”

卫君觉得子思的话非常有道理，于是采纳了子思的建议。

汉代政治家贾谊说：“大人物都不拘泥细节，从而才能成就大的事业。”正因为如此，怎么能因一个人之前所犯下的错误而否定这个人呢？在现实生活中，还有一部分领导者只寻找完美的员工，在这些领导者的眼中，完美的员工是拥有品质、学识、能力、身体、团队适应能力等的人，他们求全责备，很难有人合乎他们的要求。

优秀的领导者在用人时总会在第一时间考虑这个人到底能够做什么，能做到多好。

优秀的领导者也知道，优秀员工的标准也是在变化的，工业时代标的优秀员工，可能会成为信息时代的废人；工业时代的“变态”员工，对信息时代来说可能是“优异”的。

所以他们在招聘人员的时候，不是只盯住员工的缺点，而是对那些无关紧要的缺点视而不见，只专注于员工到底在哪方面比较擅长，并且最大限度地发挥它。

世上没有完美的人。如果领导者仅仅只看到下属的缺点，不能够容忍有缺点的人，那么到最后也就没有人可以用了。缺点和优点往往是相互共存的，在一方面是优点，在另一方面可能就成为缺点，过分谨慎而行可能就是优柔寡断，过分果断就可能是刚愎自用。

知人善任作为一种领导艺术，就要本着“人无完人，金无足赤”的原则，不要因为这个人有过失就使人才失之交臂，不要让人觉得怀才不遇。古人都知道用人不求其备，论大功者不录小过的道理。刘邦所用的人大部分都是负有恶名，但是他们都有一技之长，合起来就是一个整体，无往而不胜。而刘邦用人只是要求能够独当一面而不要求文武齐备，这或许就是刘邦能得天下的原因吧。

世上的人喜欢说世上没有好人，这话说出来显得很轻率。作为领导者，其实不必刻意挑选好人，只需要招聘100个人各取所长，因为对于这100个人来说每个人都有自己的优点，而其中一个人的缺点或许能由另一个人的优点所代替，集中百人的优点就可以成为贤人了。

一个领导者如果想让自己所使用的都是没有弱点的人，那么他所领导的组织，充其量也只是一个平凡的机构。特别是面临现如今知识飞速更新的年代，社会学科知识门类众多，之前人们所说的全才已经不复存在。所谓完美无缺的人，由于追求全面和均衡，他们往往在某个方面钻研不深而成为实际上价值不大的人员和二等人才。“成功者都是偏执狂”，追求完美就意味着平庸，往往是某方面有缺陷的人才成为成功的人。

所以，领导者在使用人才时，要能容人之短，对于那些有缺点的人才或有争议的人才也要大胆使用，使他们充分发挥其潜能，从而帮助自己取得事业的成功。

允许下属犯“合理”的错误

人人都会犯错，领导者同样如此。如果你说你不会犯错，那么你就不是一个好领导者。正如管理大师彼得·德鲁克说的那样：“从来没有犯过错误，也从来没有过失。这种人绝不可以信任，他或者是一个弄虚作假者，或者只做稳妥可靠的琐事。”

实际上，很多企业都流淌着一种“不求有功，但求无过”的风气，员工有了问题要么瞒着不说，要么把责任推给别人，在他们身上我们看不到责任意识和进取精神。造成这种状况的最大原因就是领导者的管理方式，他们不允许员工犯错，所以员工才会掩饰错误。

英国著名的喜剧演员、编剧、电影制作人约翰·克里斯曾经说过一段非常深刻的话：“在不容许犯错误的组织里，你会看到两类适得其反的行为。首先，因为错误是‘不好的’，所以如果犯错误的是高层的人，那么从这些错误反馈回来的信息必须要被忽视或者被选择性地重新解释，这样高层的那些人才能假装没有错误发生。因此，这些错误不会得到纠正。其次，如果犯错误的是组织下层的人，那么这些错误就会被掩盖。”

约翰·克里斯告诉我们，如果我们过多强调“错误”的消极性，特别是领导者容不得下属犯错误，那么企业自上而下，大家都会“合起伙”来掩盖错误。甚至当危害企业财产和员工生命的事故时，大家都会隐瞒不报或虚假上报。这就像历史上的蔡桓公讳疾忌医，最终的代价是丢掉了自己的生命。

身为领导者，有必要认识到一点：如果不允许下属犯错误，那么错误将会一直存在下去，甚至会引发更大的错误，这对一个企业的生存和发展是十分可怕的。相反，如果允许下属犯错，宽容下属的合理错误，帮助下属从错误中吸取有益的成分，那么错误就会成为一种有益于未来的投资。这一点在世界诸多企业里都有经典的案例。

1984年，微软公司推出了Excel软件，可是由于其中一个错误而损失惨重，该产品经理担心被公司解雇，于是硬着头皮找到比尔·盖茨解释此事。没想到比尔·盖茨对他说：“今天你让公司损失了2500万美元，希望你明天能表现得更好一点。”

如今，“勇于尝试，必有所得”已经成为微软的一种风气，而当年那位产品经理——杰克·雷克斯，已经成为微软公司的顶级人物之一。

在IBM公司也有类似的故事，据说IBM有个员工犯了一个错误，造成了1000万美元的损失，他怀着惴惴不安的心情找到老板小沃森说：“我是不是该卷铺盖走人了？”小沃森说：“你疯啦？我们刚刚为你交了1000万美元的学费，你想我们会让这么一大笔资产从公司流失掉吗？”

在石油大王约翰·洛克菲勒身上，也发生过类似的事情。他的一位生意合伙人爱德华·贝佛由于一时大意，在南美经营的一桩生意出了差错，使公司一夜之间损失了近百万美元。几乎所有的人都认为贝佛会被洛克菲勒责骂一顿，但是洛克菲勒并没有这么做，他只是对贝佛说：“恭喜你保全了我们剩余的60%的投资，棒极了，我们没有办法做到每次都那么幸运。”此后，贝佛在工作中加倍努力，为公司创造了巨大的经济效益。

比尔·盖茨、小沃森、洛克菲勒，这些世界顶级企业家在面对员工的错误时，不约而同地选择了宽容。他们知道，犯错是正常的，只有让员工从错误中吸取教训，员工才能进步。正是他们的宽容赢得了下属的忠心和努力，最终为企业带来了源源不断的收益。由此可见，这些企业家是多么的英明，他们之所以把公司经营得如此成功，与他们允许员工犯错是分不开的。

任何人都难免会犯错误，作为领导者，要做的是对员工的错误进行深入具体的分析。哪些错误可以允许、可以原谅，哪些错误是不能饶恕的、必须杜绝的。对于“合理”的错误，如员工能力不足、经验欠缺，导致在探索与创新中犯了错误，领导者一定要原谅和宽容，并引导员工从错误中寻找原因、汲取教训，不断进步。

现实中，有些领导者不允许员工犯错，认为员工犯错会增加企业的成本。殊不知，员工因害怕犯错而变得不敢探索，不敢创新，总是跟在别人后面亦步亦趋，这样就很难创造性地工作。正确的态度是允许犯“合理”的错误，这样才能让员工敢于做好探索性、挑战性强的工作，在“吃一堑”中“长一智”，不断总结经验和教训，逐步走向成熟。

有位美国记者问稻盛和夫：“为什么京都半导体会如此成功?”稻盛和夫说：“因为我们从来不会因为员工的失败而责罚他们。如果员工在工作中犯了错、失败了，我们将另外派给他一项任务……虽然之前的那个计划失败了，但是相信那个员工从中汲取了不少教训，并可以凭借过去的经验再向前迈进。”

与“合理”的错误不同，有些错误是不能允许的，例如员工明显违规犯法或主观恶意、屡教不改等。至于员工犯了错误不承认，还千方百计隐瞒、推诿，就是错上加错，更加不可以原谅。面对员工的这种错误，领导者必须严厉地处罚和打击，这样才能避免员工放纵、不负责任，给企业造成不可挽回的损失。

宽容大度是赢得拥护的法宝

宽容可以体现一个人的涵养，它是人与人之间最珍贵的谦让和理解，这需要人们在遇到事情的时候做出适当的忍让和宽容。宽容大度是赢得拥护的法宝。身为领导者，如果拥有宽容之心，你的属下就会对你产生感激之心，进而更加忠实于你。

公元199年，曹操与北方实力最强的军阀袁绍相战于官渡，袁绍拥众十万，兵精粮足，但是曹操兵力只有袁绍的十分之一，兵少粮不足。当时大多数人都认为曹操这一仗是不可能赢的，因为悬殊实在是太大了。

这时曹操好多留守在后方蠢蠢欲动的部将都纷纷给袁绍写信，一旦曹操战败就投靠袁绍。

战争相持有半年之久，后来曹操采纳了谋士许攸的妙计夜袭袁绍大军的粮仓，进而扭转了僵局，最终打败了袁绍的十万大军。曹操在清理从袁绍军营中收缴来的文书材料时，看到自己的部下写给袁绍的那些信时，看都没有看就命令手下将那些信件全部烧毁，并说：“战事初起之时，袁绍兵精粮足连我都没有想到自己会赢得这场打仗，何况其他的人!”

如此一来，那些曾对曹操有过二心的人全部都放下心来，这对于大局的稳定起到了很好的作用。

对于这些有二心的人，曹操的这种做法不得不让人佩服，没有一点气度的人是不会这么干的。他将逐渐离散的军心慢慢收了回来，别人当然愿意尽心竭力地为他做事。

可见，拥有一个宽容的胸怀不仅能够得到别人的拥戴，在工作和生活中游刃有余，既能成就大事，又能活得轻松。那么，领导者如何培养宽宏大量的胸怀呢?

1.在与人交往的时候要有较强的相容度

拥有较强的相容度这需要一个人在为人处事方面能够宽厚、心胸宽广、容忍别人、忍耐力强。相容度强的人能够接纳和团结更多的人，在遇到困难的时候能够与人并肩作战、共同奋斗，在困境中共患难、积蓄成功的力量、创造更多的成功机会；相容度低的人，往往就像一个“独行侠”，时间一久就会被人疏远。

2.要做到“己所不欲，勿施于人”

“己所不欲，勿施于人”是古人为我们留下的处世原则。鉴于这一原则，领导者不应提出别人难以接受的要求，由此可以避免尴尬的局面，从而建立良好的上下级关系。

要做到“己所不欲，勿施于人”，就要求我们将心比心，推己及人。将心比心，要求领导者站在下属的立场上，衡量自己的言行举止能否为下属认可和接受。你可以通过角色互换的方法，假想自己站在下属的立场上，那时，看看你对自己的行为和言论会有什么样的反应。通过这样的方法，你就可以更好地理解下属、体谅下属。

3.与人交往时，能够主动让人

世上没有两个完全相同的人，人与人之间由于个性、爱好、要求的不同，或是由于价值观的差异而时常产生矛盾和冲突。所以，当与别人意见不同的时候，我们应该尊重别人的意见，并寻找共同的立场。

在工作中也是如此，由于每个人的工作方式和工作习惯不同，所以你不能苛求下属和你采取相同的方式来完成工作。只要能够完成工作不管采取什么样的工作方式都是可取的。要记住，争执是永远也解决不了任何问题的。

4.不要自寻烦恼

相比心胸宽广的人，心胸狭隘的人往往活得比较累。对那些在别人眼中是鸡毛蒜皮的小事，心胸狭隘的人往往不能释怀；他们不但算计别人，更害怕被别人算计，始终提心吊胆、患得患失；他们很在意别人的眼神、话语、动作；他们往往很偏执，容不下与自己相左的意见。所以，心胸狭隘的人往往很难与别人沟通与合作，更得不到别人的拥护，常常郁郁寡欢。其实，这些人的烦恼大多是自找的。因为他们太在意别人的批评，又害怕因为得罪他人而为同事、下属所不容，所以，他们整天看别人的态度和反应，生活压抑、缺乏生气。

需要特别指出的是，这里的宽容不是对原则问题的妥协，而是指工作交往中的宽厚和容忍。从表面上看，这似乎与管人无关，但只有在这个问题上做好，才能成为一个下属拥戴的领导者。

容得下才能超过自己的人

如果有人问："你希望自己比别人强吗?" 绝大多数人都会说："那当然。"恐怕只有少数人会回答："我希望别人比我强。"

每个人都有自己的长处和短处。取人之长补己之短，才能相互促进，事业才能发展。因此，在容人之短的同时，还要能容人之长。有的领导者嫉贤妒能，生怕别人超过自己而对其进行压制，从而使得部属皆为平庸之辈，又何谈做大事呢。因此，要避免嫉妒心理作怪，就要容得下比自己强的下属。

孔子说过："三人行，必有我师焉。"每个人的知识、才华和能力是很有限的。古希腊哲学家苏格拉底试图找过世界上最聪明的人，当他去过许多地方找过许多人的时候，他不禁感慨："这个世界上根本没有绝对聪明的人，所谓的聪明只不过是一个人在某一方面非常有才能，比别人突出和优秀罢了。"

一位著名的企业家曾指出："用一个能力强的人，只会提高你自己的地位；条件好的人不但增进整个部门的工作成效，更使你因为容人之长而声名大噪，何乐不为。"

作为一个企业的领导者，掌握着一定的社会财富和权力，在长期实践中已经形成了那种以自我为中心的思维定式。所以，想让一个领导者用比自己还要有才能的人，这往往说起来比较简单，但实际上做起来的话是非常困难的。除非这个领导者能够勇敢地超越自我，敢于用比自己强的人，这不仅能够使企业得到更长远的发展还能够让自己的形象更加高大。

领导者自己的各种才能不一定全都要胜过部下，但是对于他来说他要有能够发挥、调动、运用下属的才能，并且他还需要有一个广阔的胸怀去容纳比自己强的人。就像刘邦说过的那样："我的智谋比不上张良，管理比不上萧何，指挥军队更比不上韩信。但正是由于得到了这三位良将的辅佐，所以我得到了天下。"这正是刘邦的高明之处，敢于用比自己强的人，才能做成大事。

但是往往有些领导者却没有刘邦这样的思想，他们有时出于自己的私心不敢重用那些比自己有能力有学识的人，反而对于那些庸才另眼看待，或者他们常常高估自己的能力，甚至心怀妒忌，如一个笑话中讲的：武大郎开店——个头比他高的一个都不要，这样，他只能开一个"侏儒店"。

意大利首屈一指的菲亚特汽车公司是世界十大汽车公司之一。谁也没有想到这家实力如此庞大的公司在前不久的时候倒闭了。它连年亏损，无法进行再投资，被迫将13%的股票卖给了对外银行。面对这种困境，菲亚特集团老板艾格龙尼大胆起用强过他的维托雷·吉德拉，任命他为汽车公司总经理，将公司全权交给他独立经营。

吉德拉才华出众，平易近人，做事脚踏实地而且又吃苦耐劳。上任后，他果然出手不凡，大刀阔斧地进行了一系列行之有效的改革。渐渐地，在吉德拉的整治下，菲亚特汽车公司很快摆脱了困境，使汽车销售量达到了欧洲第一，吉德拉本人也由于经营有方而闻名，被人们称之为欧洲汽车市场的"霸主"。

戴维·奥吉尔在谈到企业要用什么样的人时说："许多人，尤其是那些管理者总是会去用那些比自己水平低的人，那样企业就会变成一个庸人的集体，毫无生机和创造力，效率也不高；相反地，如果管理者敢于用一些比自己水平高的，比自己能力更强的人，那么它会壮大成为一个大的企业。"

钢铁之父安德鲁·卡内基的墓志铭这样写道："这里躺着一个人，

他懂得如何任用能力比自己强的人。”卡内基用的都是比自己能力强的人，他能够发现别人的长处，并能够将这些人的长处运用到工作之中。所以，卡内基能成为一个卓越的领导者。

其实，敢于用一个比自己能力强的人是种度量问题，这又能够体现一个人的信心与能力。领导者应该心中充满信心，相信自己，敢于去重用比自己强的人。只有这样才能够将自己企业发展壮大，自己的地位也就随之提高了。

▶ ▶ ▶ 第六章

掌握激励的技巧，满足下属的心理需求

领导者要通过设计适当的外部奖酬形式和工作环境，来激励下属。激励的方法对了，下属对你就认同了，领导者就有凝聚力了。所以，领导者要掌握激励的技巧，掌握下属的心理，不仅能增加下属对自己的满意度，还能够激发下属的工作，一举两得。

让激励贯穿整个领导过程

每一位领导者都希望拥有一支士气高昂、凝聚力强、战斗力强的队伍。可遗憾的是，很多领导者在带队伍的过程中，一味地挥鞭策马，一味地向员工提要求，催促员工更努力地工作，却忽视了员工内在的需求，忘了激励员工。殊不知，这是一个非常严重的失误。

作为领导者，你必须明白一点：不管你管理的是跨国集团，还是小型企业，不管你是注重企业利润，还是追求社会效益，都不要忘了一点：员工是人，要吃饭，要养家糊口，他们有物质需求，有精神需求。激励的起点是满足员工的需要，但员工的需要因人而异、因时而异，并且只有满足最迫切的需要，其效益才高，其激励强度才大。因此，领导者必须深入地进行调查研究，不断了解员工的需要层次和需要结构的变化趋势，有针对性地采取激励措施，才能收到实效。只有这样你的团队才会有战斗力。

其实说到底，带队伍的过程，就是不断激励员工的过程，如果你把员工激励得一个个斗志昂扬，员工的工作效率就会大大提升，企业的效益也就有了保障。所以，一定要重视激励员工。

激励的方式多种多样，有情感激励、物质激励、荣誉激励，还有晋升激励、表扬激励等等，著名的微软公司就非常重视情感激励。

在微软，员工可以带着孩子来上班。这样可以让孩子感受父母的工作环境和个人成就，理解并以父母的工作为荣，而员工能从中得到温暖和激励，这比任何形式的物质奖励更催人奋进。

在微软，当员工过生日或结婚时，公司会为他们举办生日或婚礼庆祝会，这充分表达了企业对员工的关心和重视，员工可以从中获得激励。微软公司还特别重视员工的愿望，他们会记录员工的愿望并帮助员工去实现愿望，这对员工也是非常好的激励。

微软公司还邀请员工的父母来公司参观，或给员工的家属寄送礼品，让员工的家属为员工感到骄傲。父母、父子之词的感情是人世间最珍贵的感情，当员工的父母、孩子对员工所在的公司感到满意时，员工自然会更加努力地工作。

著名的海尔集团与微软公司相比更重视用荣誉激励员工，在他们看来，荣誉是员工对企业贡献的象征，当员工获得某种荣誉时，他们的自信心会明显增强，这会使他们对企业更加充满热情，同时，体会到自我价值所在。因此，满足员工的荣誉感，可以使他们迸发出强大的能量。

海尔员工的工资也许不是行业里最高的，但是他们每个人都有一种自豪感。公司会给员工颁发荣誉证书，会借助荣誉墙和企业年鉴来激励员工。通过记录员工的辉煌成绩，将员工为企业的贡献载入海尔发展的史册，可以很好地激励员工的积极性。

海尔还重视以员工的名字来命名某项事物，这种做法在科学界由来已久，是对贡献者最好的纪念。比如，诺贝尔奖。同样，在企业中，为了纪念员工在某方面做出的贡献，用员工的名字来命名某项事物，对员工也会产生良好的激励效果。

除了情感激励和荣誉激励，在日常的管理中，领导者最常用、最简单有效的激励方式恐怕非表扬莫属了。当员工表现出色时，及时给他口头上的赞扬，而不是等到年末总结时再表扬，这可以激发员工的积极性。优秀的领导者都有一双善于发现的眼睛，员工有任何出色的表现，他们都会及时发现和表扬。

也许有人要问了："有什么好表扬的？到底要表扬员工什么？"其实，员工身上值得表扬的未必一定是惊天动地的大事，况且员工干着平凡的工作，也很难有惊天动地的表现。因此，表扬员工要针对一些细微之处，比如，员工主动把地上的废纸捡起来扔进垃圾桶，这个行为就值得表扬。再比如，公司的清洁工把地打扫得很干净，这也值得表扬。在这一点上，有一个经典的案例，值得领导者们深思：

一天晚上，韩国一家企业遭窃，公司的一个清洁工发现了小偷，并与小偷进行了殊死搏斗，最后保护了公司的财产。事后媒体采访这位清洁工，问他为什么有那么强大的勇气面对小偷。他的回答让人惊讶不已，他说："因为总经理每次经过我身边时，都会夸我地打扫得干净。"

这个案例表明，一些看似微不足道的表扬，可以激发员工的责任感和对企业的归属感。因此，千万不要忽视赞美的力量。值得注意的是，在赞美员工的同时，也不要忘了批评的重要性。当员工犯错时，领导者如果能够巧妙批评员工，也能对员工产生良好的激励。

在这一点上，玫琳凯化妆品公司的创始人玫琳凯就做得很好，她推崇"三明治式"的批评。什么是三明治式的批评呢？它指的是用厚厚的两层表扬，夹着一层薄薄的批评，即先表扬，再批评，最后再表扬。这样员工就不容易产生反感。

玫琳凯在管理中，一直遵守这样的原则：无论批评哪个员工，都必须先找出他身上值得表扬的地方，绝不会只批评不表扬。另外，她还特别强调，批评应对事不能对人。

有一次，玫琳凯手下的一位女秘书在打印文件的时候，总是不注意标点符号，这令玫琳凯很苦恼。一天，她对女秘书说：“你今天穿的这身衣服很合身，显示了你的美丽大方。”女秘书听到董事长的表扬，满脸喜悦。

接着，玫琳凯对她说：“尤其是这排纽扣点缀得恰到好处。我想告诉你的是，文章中的标点符号就如同衣服上的纽扣，注意了它们的作用，文章才会更清楚易懂。就像你漂亮的衣服一样。”

女秘书听到这里，意识到不注重标点符号是不对的，于是诚恳地接受了批评，改正了缺点。后来，这位女秘书成为了玫琳凯最得力的助手。

最后，我们要强调的是，除了情感激励、荣誉激励、表扬激励之外，企业还必须拿出实实在在的物质性的奖励，用于激励员工。因为在这个物质的年代，空谈感情是无济于事的，只有在薪酬、奖励方面，最大限度地满足员工的需求，才是最根本性的激励。

赞美是一种有力的心理暗示

管理大师洛克菲勒曾经说过：“发挥一个人才能最好的方法就是赞美和鼓励，能够毁灭一个人的热情与雄心的莫过于批评和责备。”经过实验证明，赞美是一种强有力的心理暗示，它的力量是不可小觑的。

一个足球队的教练将他的队员分成了三个集训小组，并且在训练的同时做了一个心理测试。

对于第一小组队员的表现教练赞不绝口，说：“你们这队表现得非常好，队员之间的配合度也非常高，真的是太棒了！你们是一流的球员。”

教练对第二小组的队员说道：“你们也不错，但是步伐不够稳而且运球速度也不是很快。”

教授黑着脸对第三小组的队员说：“你们怎么回事啊！都说了多少遍了？每次都是这样，总是抓不到要领，靠你们我喝西北风啊！”

其实，这三个小组成员能力和素质都是差不多的，但是经过这个实验之后，结果第一小组获得最好的成绩，第二小组次之，第三小组最差。

从上面的例子我们可以看出，赞美对一个人的行为有着不可估量的作用。哈佛大学专家斯金诺的实验也充分地肯定了这一点。他认为赞美不仅仅是奖赏，赞美可以促进某种行为出现和强化的趋向。从而可以发生与这些行为相联系的东西，当动物的大脑接收到鼓励的刺激，大脑皮层兴奋中心调动起各个系统的“积极性”，深藏已久的潜在的力量就会得到充分的发挥，从而促使人的行为发生改变。

每个人都希望得到别人的赞美，赞美是真诚的鼓励，是对别人的鞭策，是一个人对另一个人的肯定。一句真诚的赞美可以激励一个人的一生，激励人努力奋斗；一句不经意的讽刺、挖苦之言，往往会改变一个人的一生。

卡耐基在营销界中是无人不知无人不晓的，但是一说到他小的时候或许并没有多少人知道。卡耐基在非常小的时候被街坊邻居公认为坏男孩。卡耐基当时随父亲居住在乡下生活贫苦，在他9岁的时候父亲将继母娶进家门。继母家十分富裕。父亲一边向继母介绍卡耐基，一边说：“亲爱的，希望你注意这个全郡最坏的男孩，对于他我已经没有任何办法了。说不定哪一天他就会拿起石头扔向你，或者会做出让你意想不到的坏事。”

让卡耐基完全没有想到的是，这时继母竟然面带微笑地走到他面前，托起他的头认真地看着他。接着她回头对丈夫说：“你错了，他不是全郡最坏的男孩，而是全郡最聪明最有创造力的男孩。只是现在的他还没有找到让自己感兴趣的事情。”

继母的话让卡耐基不禁留下了深藏已久的泪水，渐渐地和继母的感情变得熟络起来。正是由于继母的这几句话成为激励他一生的动力，使他日后创造了成功的28项黄金法则，帮助千千万万的普通人走上成功和致富的道路。

在继母还没有来的时候，所有的人都认为他是一个坏小孩，没有一个人称赞过他聪明。但是，就因为继母短短的几句话便激发了卡耐基的想象力和创造力，使他成为美国最有名的作家和富豪，从而成为20世纪最有影响的人物之一。

赞美比批评更能激发一个人的潜能和积极配合的愿望。或许作为家长都会有这样的经验，要想自己的孩子学得好，与其用严厉的责备，不如用称赞鼓励。“你的字写得真好！”你这样对孩子说了，下次或许他会写的比前一次更好。这一方法同样可用于对待你的部属，这比用命令督促来的更简单轻松一些。

从经济学的角度来看，赞美是贴近人的本性的激励方法，赞美是一种产出远远大于投入的投资。给人以赞美，甚至不需要做物质上的付出，就可以得到你意想不到的收获。没有一位员工愿意做一个平庸的人，每个人都希望有所成就。因此，领导者要善于使用赞美塑造和鼓励自己的员工，使他们变得干劲十足。

升职是对员工最直接的激励

一个好的领导者不仅能够按时给员工薪酬，还能够给员工一个实现理想的发展前景。在招聘人才时首先要询问求职者希望公司能给他什么，当求职者说出他们的要求时，就告诉他们，公司不但会给他们丰厚的薪水，而且还会给他们很多隐性利益。这些隐性利益包括前途和发展，这对于求职者来说往往更具有吸引力。

从另外一个角度来说，与其给员工更多的薪酬还不如让员工在工作上得到更好的发展。因为每一个员工都希望自己赚更多的钱，他们所工作的目的就是为了赚钱，所以给他们提供一个好的发展空间，他们才能够赚更多的钱。当员工感到自己的工作水平提高了，从而有了赚更多钱的能力和信心，这时的他们对企业的感激才会是发自肺腑的。当员工具备升职的能力时，他们就会获得最大的激励。只有这样才能够更好地激发员工对工作的热情，并赢得员工的忠诚度。

在英特尔，不管员工是否已经做好了晋升的准备，他们往往会直接被授予更高的位置，让有能力的人迎接更高级的挑战。在葛洛夫看来，晋升的重点在于一个人的学习速率，而经验只是占一小部分。一个学习速率快的人，一旦被授予更高的职位面临更大的挑战，往往就会以更快的速率学习，这样一来的话就会很快达到目标。

举例来说，当27岁的盖尔·辛格收到负责486晶片开发计划的任务时，他对于管理这一方面经验还不足。但是葛洛夫认为他是合适的人选，因为他有深厚的科技知识作背景，不仅如此，更重要的是他还有一颗主动学习的心，吸纳更多的知识。通过不断的努力他与他的团队成功完成了486晶片开发计划，在以后的工作中他完成了更多的挑战。盖尔·辛格的职位也随着自己的业绩不断飙升，在1997年，他已经成为桌上产品部门的副总裁了。

此外，辛格是奔腾微处理器开发团队里最优秀的工程师。他对于设计新的开发工具具有重要的贡献，于是葛洛夫让他管理设计技术组。同样他对于管理也并没有多少经验，但是他却能够以最快的速度上手，不仅在技术上将设计工具的品质大幅度地推进而且还把数百人的团队管理得井井有条，这大大地超出了预期的表现。

领导者将员工从现有岗位提拔到新的较高的岗位，同时赋予他相应的权力和责任。领导者激励人才的一项重要手段就是员工的升职。从公司的角度来看，人才的提拔和培养是为今后公司能够更好地发展做准备。从员工的角度来说升职意味着自己的能力和努力得到了充分的肯定，同时也意味着个人的前途、薪金有着比升职前更好的境地。

领导者在给员工升职时应当遵循两个原则：第一，这个员工要称职，坚持这一原则可以避免任人唯亲，可以做到量才任职；第二，升职员工要适时，对确有较高才能的员工，应该及时地把他提拔到更为关键的岗位上来，让他得以尽早地、充分地发挥才干，得到成长的机会。这样可以早出人才，快出人才。有了优秀的人才而迟迟不重用，不仅对事业和员工无益，而且也留不住那些真正有才能的人。

那么提拔员工的依据是什么呢？员工以往的工作业绩，这是最重要的提拔依据，是衡量一个员工能力的重要指标。因为，从一个人在工作上的表现就能够看出这个人的性格和对工作的态度。切忌根据员工的个性、你是否喜欢他的性格作为提拔标准。这样做是不公平的，提拔不是利用员工的个性，而是为发挥员工的才能。这也是最公正的办法。这样做才能够找出真正有能力的人，服众人之心，而且能堵住“后门”，避免员工间的勾心斗角。

有一个能力曲线可以测试员工在其岗位上的能力情况。一个员工在一个岗位上达到了饱和之后，就很难再有增加才干的机会。身为领导者，要加强考察，研究下属在“能力饱和曲线”上已经达到了哪个位置。一方面，对现有“台阶”上已经锻炼成熟的员工，要让他们承担难度更大的工作或及时提拔到上级“台阶”上来，为他们提供新的用武之地。对一些特别优秀的员工，要采取“小步快跑”和破格提拔的形式让他们施展才干。另一方面，对经过一段时间的考查，不适应现有“台阶”锻炼的员工要及时调整到下一级“台阶”去“补课”。如果在“台阶”问题上，鱼目混珠，良莠不分，在时间上搞“平均主义”，必然埋没甚至摧残人才。如果该提升的没有提升，不该提升的却提升了，公司就会失去发展机会。

作为现代公司的领导者，要学会使用能力非凡的员工，使他们与自己之间发生有益的互补共振效应，产生思想互补、个性互补、见识互补，从而极大地提高和增强自己的实力，使本来并非十全十美的领导者，无形之中变成一个神通广大、无所不能的完人。这有利于提升领导者的形象。

多数员工喜欢以薪换心

生活需要成本，大到买房、买车、结婚、生子、赡养父母等，小到柴米油盐酱醋茶、日用生活品等，哪一样不需要钱？每个员工上班的首要目的就是赚钱，这种心理相信每个老板都能理解。如果企业无法满足员工较为合理的薪水要求，那么越是优秀的员工离开得越快。要想员工帮你创造效益、赚取利润，企业必须拿出真正的诚意，只有用“薪”才有可能换来员工的心。

在马斯洛需求层次理论中，物质需求处在最底层。因此，留人首先要满足员工的薪水要求，其次，才是用心留人，用企业文化留人。如果企业无法满足员工物质方面的要求，即使公司文化再优秀，公司的环境再和谐，也无法留住员工们那颗迫于现实需要、不得不追求物欲的心。

2011年，从东部沿海地区到中西部地区，“用工荒”的现象愈演愈烈，许多企业陷入招工难的困境。然而，红豆集团得益于独特的文化战略和运营战略，以不变应万变，成功绕过了“用工荒”的障碍，继续保持着效益高速增长的发展势头。

红豆集团到底靠什么吸引人才、留住人才呢？对此，我们可以从红豆集团的总裁周海江常说的一句话中找到答案：“要让每一位员工分享到企业发展的成果。”周海江认为，员工是企业发展的根本，只有不断提高员工的收入，员工才会充满干劲，企业才会充满活力。

2010年，红豆集团已经两次上调员工的工资。在同年12月20日，红豆员工又收到公司“涨工资”的信息。在这一年里，红豆集团的员工工资平均涨幅高达49.6%，最高达到64%。而在2011年春节后，红豆管理层多次召开会议，讨论如何进一步提高一线员工的待遇，激发他们工作的积极性。随后，公司下发《关于熟练工年收入超4万元的规定》，文中指出：企业生产一线熟练工（学徒工、辅助工除外）年收入必须达到4万元以上。

红豆集团有600多名员工拥有集团的股权，这是让员工分享企业发展成果的又一举措。这在全国民营企业中实属罕见，红豆集团的这一举措大大提高了员工工作的积极性，增强了员工的归属感。薪水是基础，当企业给予员工的薪水能够保障员工的生活之后，再营造归属感，双管齐下，这样才能够赢得员工的心。

在以上的案例中，红豆集团让我们看到如何以诚意赢得员工的心，在这种诚意的感化下，员工怎么会不卖力地工作呢？

与红豆集团的做法相同，美国著名的软件分析公司也十分重视提高员工的薪水。这种举措使得公司的人才流失率保持在4%的水平。要知道，这在软件市场劳动力紧缺的情况下，在同行企业人才平均流动率高达20%的行业背景下，4%的人才流动率称得上是个奇迹。

有人问微软公司的员工：“为什么公司的人员流动率那么低？”员工是这样回答的：“我们在这里享受到了独特的奖金，在工作中，公司为我们提供了先进的设备；在承担的项目中，我们可以享受很多有吸引力的奖金政策；在与同事共事时，大家相互配合，相处愉快。”

靠着物质奖励和精神奖励，微软公司在人才的积极付出下，保持高速发展。微软公司的总裁表示，员工们的积极性很高，大家都有自主的工作意识，甚至很多员工还有忘我的工作精神，这让公司十分欣慰。

诚然，没有一家公司是完美无缺的，但是公司若想留住人才，必须摸清员工的想法，了解员工最需要的是什么。在现如今这个物质生活要求非常高的时代，员工最大的渴望莫过于多赚一些钱，让自己和家人过上好的生活。因此，企业最应该做的，就是想方设法地满足员工的薪水要求，用“薪”换“心”。

要记住一句话：重赏之下，必有勇夫。如今，领导者带领团队，发展企业，与当年将军带领士兵攻城拔寨，其实本质上是一个道理，那就是要学会激励人，才能得到人才的辅佐，团队才能打下江山，如果舍不得下本留人才，企业就不可能有美好的未来。

批评往往会抹杀下属的雄心

聪明的领导者懂得赏识下属、鼓励下属，而不是批评下属。心理学家通过研究发现，人类本性中最深刻的渴求就是赞美。给人以真诚的赞美，能够最大程度激发人的热情和潜能。在公司里，下属得到老板的赞美不仅能够保持愉快的心情，对工作会更加积极，并用更好的工作成果回报公司。所以，即使下属犯错了，也不要批评他。

1921年，美国钢铁公司的第一任总裁查尔斯·考比年薪高达100万美元。钢铁大王卡内基为什么给他如此高薪呢？对此，考比表示这主要是因为他擅长与人相处。那么，考比与人相处的秘诀是什么呢？

考比说：“我拥有的最大资产就是能够将员工的潜能充分地开发出来，而使一个人发挥潜能最有效的方法就是赞赏和鼓励！上司的批评只会抹杀员工的雄心。与批评相比我还是觉得称赞比较好，我从来不批评任何人。”

美国著名的试飞驾驶员鲍勃·胡佛从圣地亚哥表演完后，准备飞回洛杉矶。不幸的是，在返回的途中，飞机侧翼的两个引擎同时出现了故障。万幸的是，胡佛反应灵敏，操控得当，平安降落。虽然没有人员伤亡，飞机却面目全非。

在紧急降落之后，胡佛首先检查了飞机用油，他感觉似乎是燃油出了问题。果然不出他的所料，那架螺旋桨飞机装的是喷气机用油，这明显是负责保养的机械工的工作失误。回到机场，那位机械工早已经紧张得说不出话来，而且一脸的痛苦不堪，眼泪沿着面颊流下来。

然而，胡佛并没有责备机械工，只是伸出双手，拍了拍工人的肩膀，说：“为了证明你不会再犯错，我要你明天修复我的F-51飞机。”

有一次，洛克菲勒的助手贝特福特经营失误，导致公司在南美的投资损失了40%。贝特福特回到公司之后已经做好了辞职的准备，但是洛克菲勒却没有骂他也没有将他辞退，而是拍着他的肩膀说：“全靠你处置有方，不然剩下60%的投资成本也落空了，你做得非常好，这已经出乎我们的意料了。”贝特福特后来为公司屡创佳绩，成为洛克菲勒石油帝国最重要的人物。

洛克菲勒的做法是明智的，他懂得从下属的错误中发现下属的成绩，通过赏识而不是批评来保护下属的自信心，激发下属的干劲。这一招非常值得领导者们学习。

全球最大的调研公司盖洛普公司曾花费25年的时间，针对全球100万个普通员工、8万个经理人进行调查，最后总结出他们的管理之道，并写成一本名为《首先，打破一切常规》的书。在书中有这样一段话：

“如果你天生善于自我激励，那么你就可能在毫无表扬的情况下长期生存。如果你的上司从来没有表扬过你，你就不得不靠自己的智慧而生存。但是到了最后大部分人就会感到非常的累。这时就可能会想换一个工作环境，你可能会考虑跳槽。”

针对这种现象，盖洛普的专家建议管理者们：如果员工从迟到30分钟变为迟到10分钟，你应该夸奖他。因为肯定员工的进步会让员工有良好的自我感受，促使他更加认真地对待工作。这句建议是典型的赏识激励，对引导员工走向优秀非常有益。

著名的排球教练郎平在美国担任排球教练时，经历过一件让她记忆深刻的事。当时，郎平被一个排球学校邀请去教那些业余的小姑娘学习排球。在郎平看来，那些小姑娘的技术十分糟糕。她对她们要求严格，一丝不苟地指出她们的错误。一段时间后，学员们都很怕郎平，上课的时候特别紧张，教学效果很差。

后来，学校领导邀请郎平去看一个受欢迎的美国排球教练是怎样授课的。虽然这个女教练的水平比不上郎平，但是她的教学效果非常出色。郎平过去一看，彻底震惊了。只见那个教练对学员们说：“亲爱的，你们已经做得很好了，初学者都是这样的，你们已经很了不起了，但是如果手臂再高一点就更完美了。”或者对学员们说：“我从来没见过像你这么有天赋的学员，你只需要加快速度就非常好了……”

试问一下：有谁喜欢被批评、被指出不足呢？你不喜欢，我也不喜欢，任何人都不喜欢。可是，很多领导者对待下属，就像老师对待学生、父母对待孩子一样，整天不停地挑下属的毛病，尽管下属做得够好了，他们依然不满足，丝毫不考虑对下属的打击和伤害。他们不知道，当下属遭受批评时，会感受到很大的压力，更糟糕的是，没有什么比批评更容易伤害一个人的自尊心和打击一个人的自信心了。所以，如果你想成为出色的领导者，成为下属们都拥戴的领袖，就请不要用批评对待下属。

美国著名的广告人大卫·奥格威曾经说过："在我所有的工作目标中，这一目标置于首位：竭尽全力使每一个员工在公司的工作生涯成为愉快、幸福的经历。对无能为力的问题，我们的职责就是：改变嘴角的线条。"改变嘴角的线条，用带着微笑的赏识引导下属吧，那样下属会变得更加出色。

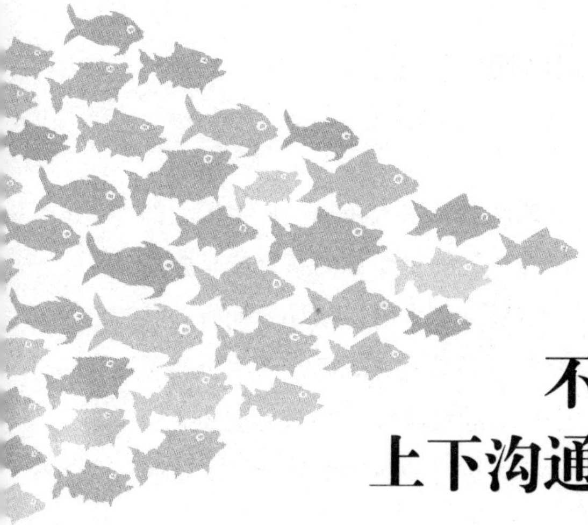

▶ ▶ ▶ 第七章

不压服而要说服，上下沟通一定要以理服人

领导者如何传递信息，如何在具体的沟通中建立真正的联系呢？这就要求领导者要懂得和声细语的艺术，不用威武的架势张扬吼叫，也不用霸气十足的劲头大声喝斥，而是通过入情入理的语言，指出下级的不足之处。这无疑能让温和的语言在低调的演绎中呈现出奇效，并能闪烁出更夺目的光芒。

乐于听取不同的意见

企业界有这样的名言：如果事业上的两个合伙人在每一件事情上都持相同的意见，那么有一个是不必存在的。能够接受不同意见或是愿意提出和别人不同的看法，讨论出更好的结果，都是值得领导者拥有的品质。通用汽车的老板也曾因为每一个董事都同意他的提案，而决定暂缓执行那个提案。他认为，如果没有一个反对的意见，就表示大家还无法预见任何潜在的问题，如此没有准备就贸然执行的提案太危险了。这表明：有人和你唱反调是一种福气。

无论是在日常的生活中还是在职场里，阳奉阴违的人都是非常多的，而总有一些领导者就偏偏喜欢别人的奉承愿意听好话，遇到一些和自己意见不同的就大力压制，认为这是下属故意和自己唱反调。他们一意孤行甚至铲除异己，这样的例子并不罕见。更有这样的领导者表面上佯装征求大家的意见，但是实际上在心里早已经拿定了主意，根本不会理员工的谏言，如果员工的意见与其发生冲突，接下来员工就有的“受”了。

领导者决不能当“孤家寡人”，必须善于通过沟通，听取不同的意见，特别是要听得进反面的声音。只有这样才能避免形成一种“擦鞋”和“一言堂”的企业文化，也只有这样才能增强每个员工的参与意识和工作责任感，增加企业的凝聚力和向心力。

领导者的职责虽是教导下属的工作，但若凡事均由上司单向教导，下属凡事皆受命于上司，那就真的使双方感到有点喘不过气来。毫无疑问地，有些下属或晚辈也具有优于别人的一面。

有些领导者也不喜欢下属反对自己的意见。如果恰巧有四五种不同的看法同时提出来，他往往会觉得焦头烂额，不知所措。最镇静的办法也不过是说："今天有许多很好的意见被提出来了，因为时间关系，会议暂时就到此为止吧！以后再找机会，大家好好讨论。"想尽办法要追求他心目中的"人和"。

这种害怕反对意见的领导者，忘记了一件最重要的事，那就是：一致的意见不见得就是最好的。

假如下属对你的方案没有异议，并不能证明此项方案就是完美无缺的，也许别人只是不好意思当面批评你而已。这时做领导者的，切不可沾沾自喜，应该尽量鼓励别人发表不同意见。

独裁在任何组织中都是值得怀疑的，因为每件事都依赖于唯一决策者的正确判断，独裁造成的信息不充分，直接影响着决策的效率和成效，而且独裁还会引起下属们的反感。因此，领导者应该采用比较灵活的方法，认真听取下属的意见或建议。

领导者想要真正得到下属们的认同，要他们全心全意地为公司付出，首先必须要做到的就是懂得如何尊重下属，这种尊敬必须是真实的、发自内心的、始终如一的。这种尊重不能由空谈表现出来，而是通过实际行动让下属看到自己的独特贡献得到了承认，最好的方法之一就是鼓励员工说出他们内心的想法，耐心倾听，提供反馈，并将这些想法融进公司的管理过程中去。这种方法不仅能够让下属感到自己被尊重还能够减少下属心理上的压迫感，将心里想说的话全都说出来。

能够对上司直言的部属，无疑在工作上都是非常积极、认真的。这样一来的话他们就会安心顺意，并形成能自由交谈之气氛的时候，你的公司自然显得朝气蓬勃。

善于让每个人畅所欲言，是企业走向成熟的根本途径，日本富士电机制造公司非常注意充分发挥每一个员工的聪明才智。近年来，平均每年全厂员工提出的改进工作的建议达99项，占日本第一。富士电机正是因为深谙此道，才能够一跃成为世界知名的名牌公司。

倾听员工们的不同意见，向员工们学习，有员工更多地参与公司事务的决策，员工们变得更加尽责，他们会被视为公司不可或缺的一部分。

在这种工作氛围中，员工的信任感不断增长，智慧的火花不断迸发。过去只被要求贡献时间和双手的人们现在感到他们的头脑和观点也开始备受重视了。在听取他们想法的过程中，每个人都更加清楚地认识到，越是接近于具体工作的人就越是看得透彻。

真正的以好学精神在汲取知识的过程中，不要放过任何一片蕴含知识的园地。“最好的思想通常来自于高级管理层以外”。把员工当成主人，倾听与学习员工的意见，收获往往让人吃惊。

许多领导者不愿听取下级不同的意见，尤其是反对意见。在他们看来，不同意见就是对他们权威的挑战。事实上，真理往往就是通过许许多多不同观念的碰撞、摩擦和融合产生。当不愿听取不同意见时，真理就会从指间溜走。

好的领导者不能只听自己喜欢听的，做自己喜欢做的，而是要看大家喜欢做什么，大家要做什么。但是在一个集体当中，避免不了出现不同的声音，那就要求领导者要善于听取不同的意见，要善于纳谏。只有多听取不同的意见，才能多方面、多角度地去分析问题、看待问题，为领导者所要做的决策提供一个相对比较正确的借鉴！如果你只能听好听的，不能听取不好听的；那么，你的领导方法一定有很大的问题，你团队当中这种不同的声音越大，越能说明你所做的一些事是违背了集体原则的，是和集体利益相矛盾的，是不符合大家意愿的！

领导者应该发扬民主的作风，广开言路。每个人都有自己独特的成长经历，每个人对问题的看法都会有不同于他人的观点，何况事物本身也是因人而异的，就像古人云“横看成岭侧成峰，远近高低各不同”。领导者广泛听取不同的意见，就会对各种状况有全面的了解。堵塞言路，就会造成“不知庐山真面目，只缘身在‘自我’中”。

与人说理，须使人心中点头

领导者往往都会面临与员工进行沟通，或者是需要说服员工的时候，但是到底怎样说才能够达到更为理想的效果？周总理曾说：“与人说理，须使人心中点头。”这话是十分精辟的。领导者在与员工说理时也需要耐心商讨、步步引导、循循善诱，只有这样才能够使对方易于接受，易于“心中点头”。

马玲是一家洗浴中心的服务员，有一天她在打扫浴室的时候捡到一枚顾客遗失的戒指，于是想悄悄据为己有，但正巧被客房部经理张大姐发现了，就让她物归原主。但是马玲不愿意，她说道：“这戒指是我自己捡到的又不是我偷的，我为什么要交上去，不上交也不犯法。”张大姐说：“小马，你知道什么叫‘不劳而获’吗？”马玲回答道：“不知道！”张大姐说：“你看，‘不劳而获’是不经过劳动而占有劳动果实。说得更具体点就是占有别人的劳动果实！”马玲听到这句话之后有点不耐烦了：“你什么时候学会咬文嚼字了？”张大姐耐心地问：“你说，偷别人的东西是不是‘不劳而获’？”“是的。”“你说抢别人的东西是不是‘不劳而获’？”“当然也是的。”“那么，拾到别人的东西据为己有是不是‘不劳而获’？”马玲顿时红着脸语塞道：“这，这……”于是张大姐顺势教育道：“捡到别的东西不归还这和‘不劳而获’在某种意义上是相通的，再说我们也有工作守则，拾到顾客遗失的物品要交还，在这件事情上你可千万不能犯糊涂啊！”经过张大姐的教育，马玲终于认识到自己的错误并将自己捡到的戒指拿了出来。

我们可以看出，张大姐说出问题的利害：拾到东西据为己有，同偷、抢一样是“不劳而获”，是同样可耻的行为。通过沟通使马玲受到了教育，打消了错误的念头。在说服马玲的过程中避开了她振振有词的歪理，而是有意和她弄清楚一个看似与论题无关的“不劳而获”的意义，再诱导她由大及小，从面到点，步步推进。

琼娅是某国政府部门的一位女公务员，一天接到上级的命令要去另一个城市工作，这就意味着琼娅要搬到另一个城市去居住，但琼娅却不愿意搬家。琼娅的上司杰克先生便与琼娅有了下面的一段谈话：

杰克：“好啦，告诉我，琼娅，搬家对你来说有什么损失?”

琼娅：“我们都在这里居住二十多年了，与这里的邻居们建立了深厚友谊，我的两个孩子都在这里学校上学，并且我们将失去在这儿所建立的一切辅助性服务便利(银行、儿科医生、超级市场、汽车修理店)。如果我们搬到了另一个城市，我们也将无法经常看到我们的父母。”

杰克说道：“琼娅，你有没有想过如果你搬家的话就会有一个比现在更大更好的家，还会结交一些新邻居，一年之后还可以回去探望一下老朋友，生活的地区同样也会有许多娱乐场所。孩子们会有一所漂亮的新学校，结交一帮子新朋友，你们的家庭收入也会提高10%，而且你们的新家距一所大学很近，你也刚好考虑重新上大学，把硕士学位拿下来。这件事情我还是希望你能够认真考虑考虑，我相信你能从中获得很多。”

杰克继续问道：“你们现在可以立刻加以利用的资源是什么呢?”

琼娅：“我们的经济情况会仍然一如既往，有关搬家的一切费用均将由政府来支付，我们仍会得到我们两家的人和朋友们的帮助和支持。”

杰克：“琼娅，搬家后在你的生活中，仍然一如既往的是什么呢?有什么是仍然不会改变的吗?”

琼娅：“我们仍然会拥有这儿的朋友，我们的父母会仍然住在这儿，我们会继续得到他们的关爱和支持。我们在圣地亚哥生活的回忆会永远留在我们的脑海里。”

杰克：“在这次外部变动中，谁是你们可以指望的人呢?”

琼娅：“我的朋友罗丝(他是律师，可以在某些法律问题上指导琼娅)。我们可以指望我全家、我的好友米娜，还有杰克先生你(杰克已经告诉琼娅，要放琼娅一周的假，好让她做好一切安排)。”

经过这次谈话，琼娅在当天晚上便开始准备搬家了。

杰克的成功说服，其方法或诀窍是：循循善诱，从而让对方心中点头。女员工感情比较脆弱心理承受能力相对比较差，作为上司就应该通过循循善诱式的沟通来诱导启发，只有这样才会让她们心悦诚服。

科技手段不能代替面对面沟通

随着社会的发展，科技的进步，有了电话，有了网络，领导者足不出“屋”就可以统率“千军万马”，随时与任何一个员工保持联络。但是如果领导者试图依赖这些高科技的手段与员工沟通，那就大错特错了，真正有效的沟通是领导者和员工坐下来面对面的谈话，而不是拿起话筒或者动动鼠标。

现代社会已经进入了电子化，领导者与员工之间的任何信息都可以利用手中的电话和网络进行传送。这样的结果是，领导者与员工之间的关系慢慢地变得像手中的电话和电脑一样缺乏人情味，而这种冰冷的关系终有一天会成为组织的致命伤，使领导者的工作陷入僵局而无法收拾。

林强是一家企业研发部门的经理，他进公司不到两年，不管是专业能力或管理绩效，都颇受大家肯定。在他的缜密规划之下，研发部一些延宕已久的项目，都在积极推行当中。

但是最近这些日子，该企业的老总发现这位林经理几乎每天加班。老总常常收到他头天晚上10点多发送的邮件，第二天早上又会在7点多收到他的另一封邮件。下班时林经理最晚离开，上班时第一个到，每天都是如此。在这种大的企业里，加班当然是正常的事，再说加班也正说明一个人对待工作的态度是认真的。但是让人疑惑不解的是即使在工作量非常大的时候，林经理的团队都很少跟着他留下来。平常也难得见到林经理和他的部属或是同级主管进行互动。

老总就觉得非常好奇，于是就开始观察林经理怎么和其他同事、部属沟通工作。原来，林经理有什么事情都是通过电子邮件交代部属。电子邮件似乎被林经理当作了和员工们沟通的最佳工具。他的属下除有什么重要的事情与之商谈，否则的话也都是以电子邮件回复工作进度及提出问题，很少找他当面报告或讨论。对其他同事也是如此。老总渐渐发现林经理的部属对部门逐渐没有向心力，许多部下也只是为了工作而工作。而其他各处主管，也不会像林经理刚到研发部时，主动到他房间聊聊。大家见了面也只是相互点点头。开会时的讨论，也都是公事公办的味道居多。

一天，老总在楼梯间抽烟刚好碰到另一处的陈经理，便向陈经理问起林经理和其他部门主管的互动状况。陈经理不好多说什么只是说林经理工作相当认真，但是对于工作以外的事情就不怎么上心。

这天，老总刚好经过林经理房间门口，听到他打电话，讨论内容似乎和陈经理业务范围有关。老总心里非常的不理解，明明两个主管都在办公室，并且办公房间就在隔邻，为什么不直接走过去说说就好了，竟然是用电话谈。之后，他找了陈经理，问他怎么一回事。

陈经理说这通电话是林经理打来的，林经理似乎比较喜欢用这样的方式讨论工作，而不是当面沟通。陈经理曾经试着要在林经理的房间里谈论，但是林经理不是边讨论边眼睛盯着计算机屏幕，就是以最短的时间结束谈话，这样的举动只好让他赶紧离开。陈经理说，几次以后，他也宁愿用电话沟通。

当老总了解到这些情况之后找到了林经理，但是林经理觉得效率应该是最需要追求的目标，因此，他希望用最短的时间达到工作要求。听过这句话后老总告诉林经理，工作效率固然重要但是有一个良好的沟通绝对会让工作进行得顺畅许多。

电子化的先进工具并不能代替面对面的沟通，它只能够把字节从一端瞬间传递到另一端，却无法传递感知和信任。电话、电子邮件、视频会议等科技手段，在沟通中确实也能起到有益的辅助作用，但是对于情感的交流它们却永远无法与面对面交流相提并论。而面对面地进行沟通可以通过生理和心理感知一切，可以实时、双向地进行信息的传递。管理工作的对象是人不是物，所以，必须坚持以人为本，这样才能达到良好的沟通效果。

在领导艺术中，最重要的就是协调艺术。领导者只有善于协调，才能把组织内外各方面关系理顺，使各项工作井然有序。协调，是领导者为实现既定目标而对影响因素及相互关系进行合理配置和调整，只有这样才能发挥最佳的效果。

管理之道，在于把握员工的心声

员工在公司工作，他们除了每天朝九晚五的上班、下班之外，内心会有什么想法呢？他们对公司满意吗？他们对公司还有哪些期盼？他们对公司的管理有什么意见和建议？对此，作为领导者，你是否试图去了解过呢？只有主动去了解，你才能把握员工的思想动态和心声，才能有的放矢地管理企业。在这方面，沃尔玛集团的创始人萨姆·沃尔顿就做得十分到位。

“你在想些什么?”“你最关心什么?”这是萨姆·沃尔顿在视察分店时，经常向员工提到的问题。在视察的过程中，沃尔顿时常与基层员工进行沟通，通过聊天了解他们的需要和困难，以此把握员工的心声。

据一位沃尔玛公司的职员回忆:“等待董事长的到来就好比等待一位伟大的运动员、电影明星或政府首脑一样。他身上的那种传奇和神秘色彩瞬间就会被他身上的那种亲密感所取代。当他参观结束后，对店里的每一个成员都非常的清楚，尽管那些贡献是多么微不足道，他都同样对我们所做的贡献怀有感激之情。让每个员工都感受到自身存在的价值。”

萨姆·沃尔顿曾在一篇文章中写过这样一句话:“我们都是人，都有不同的长处和短处。因此，真诚的帮助加上很大程度的理解和交流，一定会帮助我们取得胜利。记住，老板必须总是把员工放在自己的前面。如果你能做到这一点，你的事业将会一帆风顺。”

俗话说:“人生不如意事十之八九。”员工除了在工作上会遇到困难之外，在生活上是否也有苦恼呢?作为领导者，一定要认识到:员工发牢骚、吐苦水是很常见的事情，不要以为员工表达不满，就表示其对公司甚至对你个人有成见，是不爱公司的表现。

恰恰相反，员工爱公司、把公司当家，才会抱怨公司的不足，才愿意指出公司的弊病，他们这样做无外乎是想让领导者重视这些问题，想办法改变不良的现状。而且通过员工的抱怨、不满、意见或建议。你还可以意识到其他人也有这样的感受。如此一来，你就能很好地把握员工们的心声，这对管理企业、带领团队是十分有益的。

所以，领导者不能对员工的抱怨充耳不闻，对员工的意见和建议置之不理，更不能对这类员工产生偏见。而应该像萨姆·沃尔顿那样，主动放低姿态，走近员工，与员工心贴心地沟通，了解他们的所思所想，了解他们的需求和困难，这样才能体现企业对员工们的人性化关怀，使员工感受到被尊重、被重视，从而激发员工的工作积极性。

玫琳凯从一家化妆品小公司发展成拥有20万名美容顾问的大公司，其成功的秘诀之一就是，重视倾听每一位员工的心声。

玫琳凯本人非常清楚地了解到，员工真正需要的不只是金钱、地位，他们更需要一位能真正倾听他们意见的管理者。因此，她始终要求自己、要求公司的管理者记住这样一条金科玉律：倾听是首要的事情，尤其是倾听员工的心声与抱怨。

除了重视了解员工的心声之外，企业更应该将了解员工的心声制度化。通过制度规范，建立了解员工心声的渠道和机制，保证公司上下沟通畅通。这样才能让公司的每一位领导者都重视沟通和了解员工的心声，重视倾听员工的意见和建议。这对推动企业的发展具有十分重要的意义。

百安居集团是一家相对保守、等级森严的英国公司，但是他们的管理者们十分重视与员工直接沟通。当员工在工作中遇到了麻烦，可以直接找管理者帮忙解决。

胡蔚雁是人力资源总监兼百安居公司的副总裁，有一次公司筹建物流中心，当时有一名员工被解聘，在新领导没有到任时，他被要求离开公司。于是，他找到胡蔚雁投诉。

胡蔚雁先了解他的想法，然后要求部门给出一个合理的解释报告。后来，胡蔚雁了解到，这个员工平时工作态度很好，只是在技能方面有些欠缺。最后，胡蔚雁与相关部门负责人沟通，达成了一个共识：公司花一些精力和时间去培养他，并设立了6个月的观察期，看他是否能够在培训中达到公司要求。事实证明公司的这种做法是正确的，经过培训，这位员工达到了公司的要求，而且工作十分努力。

除了直接与领导者沟通，以寻求帮助，百安居还有相关的制度来保证员工发表意见，尤其是在百安居的英国总部，有一个“草根会议”，一些来自基层的员工和总部的各个员工每个月都会召开一次会议。每个员工都可以在会议上提出问题和建议，公司的高层领导者会面对面地了解员工的想法，公开对话。

如果员工的问题和建议有价值，管理层和相关部门就会制定行动计划，然后去推行解决。在下一次草根会议上，管理层会通报解决的情况，继续了解员工的反馈，看他们对结果是否满意，还有什么意见。这种沟通方式让员工感觉受到了重视，极大地满足了员工的参与心理和被重视心理。

如果没有到草根会议召开的时间，员工也有其他反映问题的渠道。比如员工觉得面对面向领导者反映问题比较尴尬，或他们离总部比较远，不方便面对面反映问题，那么他们还可以通过写信或打电话反映问题。公司有一个对员工免费的24小时录音电话，员工可以通过它跟总裁或总经理反映任何问题。公司的领导者每天都会接听整理，然后汇报给高层，也会定期给反映问题的员工回馈。

了解员工的心声，并不是简单地听，更要主动地去询问，真正重视员工的反馈，及时解决问题、消除员工的不满。当然，领导者还可以询问员工意见和建议，让他们参与问题的解决过程，这样可以缩短上下级的距离，让员工获得满足感。

即使手握真理，也不要咄咄逼人

语言是一把双刃剑，在伤害别人的同时，也会伤害到自己。很多人在与他人交流的过程中，喜欢用一些犀利的语言，以咄咄逼人的态度，去表明自己的观点，希望能在语言上战胜对方。但是在生活中，很少有人是任人宰割的小羊羔，所以咄咄逼人并不是件好事，因为这样做并不能得到你想要的。一味将自己的想法强加于人，结果只会适得其反。有一位心理学家曾说过："牺牲别人去做一件有利自己的事已经不妥当，硬把这件事当作对别人的一种慷慨和施予，就是无可饶恕的自欺欺人行为。而且，到头来必定是失败的。"

任何人内心都有自尊，适当地给人台阶下，才能求得人际的和谐。当一个人肆无忌惮地挥着道理的"鞭子"，闯进别人的内心领地，一味冲动地捅破这张网，结果只会引起对方强烈的抵抗和反感。像游刃有余的态度，既不得罪人，又能达到目的，才是聪明人该去努力的方向。若与人在语言上交锋，应考虑到对方的自尊，即使道理在你这边，也不要咄咄逼人。当你把对方逼到绝路上时，别忘了自己面前也是悬崖。因此，收敛锋芒，既能避免伤害他人，更能保护自己不受伤害。

当我们的意见和别人不一致的时候，就应该在心中想一想到底以什么样的方式才能够达到自己真正的目的。究竟是该咄咄逼人与人斗争到底？还是软弱屈服、妥协让步？作家三毛告诉我们：从容不迫的举止，比起咄咄逼人的态度，更能令人心折。因此，你在说话之前，如果能先去掉霸气、傲气，换成和气，那你就能够更好地与人相处获得人缘。

美国前总统林肯最伟大的优点之一就是"不轻易指责别人"，这也是值得我们学习借鉴的地方。但是林肯年轻的时候比较狂妄，待人处事不够谨慎，喜欢咄咄逼人。

那时，林肯一旦发现对方的错误就爱写信指责，有时还会将这些信故意扔在路上，让过路的人能够拾起看到。一次，林肯手下的一位将军因判断失误而错失了一次取胜的良机，林肯知道后非常愤怒。他马上坐下来，给这位将军写了一封信。

林肯在纸上发泄完之后，抬头望了一眼天空。他突然觉得："也许我有些操之过急了，我没有在战场上，而是在白宫里安静地坐着，我命令将军去进攻是件提笔一挥的轻松事。但是如果我若和他一样在葛底士堡打仗，目睹那些血肉横飞的惨状，也许我也会急着进攻。如果我遇到这样的情况，也许我也会有将军那样的胆怯心理，并和他犯同样的错误。即使他做错了，但不管怎么说，事情已经过去了，把这封信发给他让他难过又有什么意义呢？我是发泄了胸中的怨气，而将军呢？他可能对我强烈不满，竭力为自己申辩，自然也会指责我的不是；也可能就此消沉，萎靡不振，不管哪样，我都伤害了一个指挥员的威信。"

通过这件事以后林肯再也不写那些讽刺别人、伤害别人的信了，再也不去咄咄逼人地对待旁人，而且他还经常告诫自己的朋友："不要过于指责别人，咄咄逼人会让你受到谴责。"

周国平说：大智者必谦和，唯有小智者才咄咄逼人。每个人都有自己的想法和自尊，在和朋友直面讨论时，我们却很少能想到这一点。缘于自己的优越，我们常常用咄咄逼人的态度无情地剥掉了别人的面子，伤害了别人的自尊心。这是多么浅薄、心胸狭窄的表现。

所以，即使你现在手握真理，也不应过于咄咄逼人，伤害别人的尊严。在无关得失的小事中，可以稍微谦和一点，可以让对方一步。这当然不是为了博得对方的欢心，作为自己晋升的阶梯，而在于可以获得多方面的好感，给人一个台阶下，也可使自己不会因小事而受到不必要的损害。

凯瑞斯是一个食品公司销售部的经理，在一次公司例会上，大家都在讨论有关食品销售的问题，因为最近有一款食品的销量下滑得厉害。于是凯瑞斯站起来阐述自己的促销手段。尽管凯瑞斯表面谦虚，但心里却暗自得意，等待着下属们的赞同，然而不仅没人说话，还有人质疑，向他提出了几个问题。

然后，凯瑞斯又整整花了一个小时来说服大家："相信我，这绝对是一个很好的方案。" 但是大家依旧没有说话，于是凯瑞斯脱口而出："为什么你们对我所有的建议都抱以这种奇怪的态度？你们倒是说说看，你们还能想出什么更好的法子吗？"

之后就听见一阵交头接耳的声音："是谁把这个咄咄逼人的家伙招进来的？真是个笨蛋！"

没过多久，又传来一个坏消息：某款食品的销量又下降了7个百分点。凯瑞斯原以为又到了英雄的用武之地，但是由于上次在讨论会上的"精彩"表现，所有部门的员工都一致淘汰了凯瑞斯的建议，即使方案具有可行性，而凯瑞斯从此也落了个自大狂的"美名"。

一提到咄咄逼人，人们马上就会联想到紧张的气氛和不愉快的心情。但是婉言却能使谈话在轻松愉快中进行。

在现实生活中，像凯瑞斯这样说话喜欢咄咄逼人的领导者不在少数，当自己有想法或意见时，总是迫不及待地提出来。尽管有时候完全是出于一片好意，而且自己所提的意见也很有价值，但由于态度不对，结果不但起不到应有的效果，可能还会使对方心存芥蒂。

正如《圣经·马太福音》里所写："你希望别人怎样对待你，你就应该怎样对待别人。"所以在说话办事时，应该和和气气，以最委婉的方式表达你的想法。这样既容易让对方接受，避免了伤害别人的自尊，又能增进彼此的感情。

聪明的上司会让下属心服口服

有的上司时常感到困惑，自己不是不能说会道，而且可以说是很有表达能力，可为什么偏偏有些下属却不能接受自己呢？尤其是自己完全出于一片好心时，那种失望、那种困惑更是无法言表。

真正的症结出在哪儿呢？究其原因，这样的上司忽略了交流的对象是不同的。比如说，同样一个问题，开拓型的下属很容易接受，理智型的可能会反感，而完美型的则可能会不屑一顾。本来是同一个问题，却造成“横看成岭侧成峰”的局面。其实这也不足为奇，关键是上司要把下属的类别把握准确，就不会出现那种对牛弹琴的现象了。

对于有些下属而言，任何煽动性的花言巧语都无法打动他，因为他注重的是理性的和逻辑推理的东西。作为上司，你只有从这方面找准切入点，才会达到事半功倍的效果。

澳大利亚一家建筑公司的经理要求其手下的设计师给某个贸易公司设计一个办公大厦的建筑模型，并希望这个大厦模型能够反映出该公司的形象。等模型设计出来以后大家一致推崇一个以旭日为主题的模型，因为它象征着希望和光明，同时旭日与日本的国徽相似，在日本市场一定会大受欢迎。

可是当经理看过之后说：“我不赞成这个设计模型。”

他手下的设计师一个个都瞪大眼睛，满脸疑惑地望着他。

“为什么？”大家异口同声地问道。

“其实这个建筑模型的设计是很不错的，但是，我们的客户是一家贸易公司，所面临的市场除了第二大经济强国日本之外，他们准备今后将更多的人力、物力投入到新兴的正高速发展的中国市场中去。他们更希望在中国市场发展壮大起来，能成为一个名副其实的超级跨国公司。很显然，我们现在的这个建筑设计方案很难获得中国市场的认同，也难以表现贸易公司在中国市场中的形象。但现在谁都知道，中国市场才是今后国际贸易竞争的最主要战场。谁在中国市场占有发言权，也就意味着在未来五十年中谁拥有了国际上的发言权。所以从整体上考虑，这个设计方案有待商议。我们要让它树立起公司在中国的形象，占领中国的市场，依照公司的经营计划，扩展对华贸易，公司办公大厦的外观设计是一个关键性的问题，所以不能顾此失彼。"

设计人员几乎惊呆了："是啊！我们怎么都没有想到这一点呢？"

像这位经理（上司）那样把问题的实质分析出来，再辅之以逻辑推理，从而让人心服口服。但是在现实生活中，仍然有不少的上司无法有效地驾驭下属，而仅凭权势压制下属，促使下属们口服心不服，反而给工作带来了极大的消极影响。那么，该如何驾驭下属呢？关键在于首先要了解，认识他们的特性，然后再依据其特性与其交流，使他们心悦诚服。

迈尔斯教授的研究结果表明，下属在与人交谈中，一般喜欢运用抽象性的语言，他们很少谈论那些自身观察到的事物，而更多地把想象中的事物作为谈资。在很多情形下，他们更愿意谈论那些只存在于记忆中的、概念性的事物而非可以感知的事物、想法。

所以，在你与下属的交谈过程中，要尽力避免使用与当前事物不相关的、琐碎的以及多余的话语，对于那些显而易见的道理，不要浪费过多的口舌去陈述它们，因为这些浅显之理他们早已明白，再与他们交谈只会让他们感到厌倦，甚至不快。与他们交谈时，如果你能用一种简明扼要的语言风格与其交流，则更会受到他们的欢迎。

如果你试图用那些情绪化的表达方式，或者使用那些具体而琐碎的语言，如人物、地址、具体数字、详尽的细节、引人入胜的场景、感人泪下的倾诉等，那就很难打动他们的心。

并且，在交谈时，你还要把自己俨然打扮成一个这方面的专家。在用词造句时要极其严谨，尽量多采用那些专业术语进行表达、陈述。任何一丁点的随意或不准确的陈述都有可能引来理智型下属们的百般挑剔，并有可能当众指出你的错误。此时再想去说服他们将是十分艰难的，因为在他们看来，你已经是一个外行了，不配有任何发言权。

在下属面前要把握好表态的尺度

领导者对于公司大大小小的事情都需要做出决策，领导者做出的决定和表明的态度对于公司的发展起着至关重要的作用。而对于下属来说则可能是指示、要求，也可能是对某件事的决策或定论。特别是当涉及到下属们的利益时一定要注意分寸，不要认为下属的利益都是无关紧要的小事。

领导者的表态绝不可随心所欲。不论讲什么话、表什么态，都不能超越一定的原则限度，也不能无原则地去肯定或否定。表明态度需要有根有据，即不做老好人，又不要怕得罪人，不然的话，你的决定也很难得到下属的认同，招致下属的无端反感，甚至会在下属面前落得个“马大哈”式的不负责任的形象。

在现实的工作中也会常常遇到这样的领导者，当遇到矛盾冲突和棘手的事情的时候，需要他们表态时，他们往往就会选择“紧睁眼、慢开口”，在不合适的情况下，不该表明态度却乱表态。在合适的情况下，该表的态不表；有时候还会因自己一时的私利去推卸责任，等等。凡此种种做法表现在下属面前都是极不可取的。

如果领导者能够在坚持原则的基础上表明自己的态度，并且能够发挥出其灵活性，这样一来就更能够做到事半功倍的效果。

领导者在对下属表态时应做到以下几点。首先，表态时，做到因事、因人而异。下属所要求的真正意图，留有足够的思考时间，并考虑好是直接表态，还是委婉表态，对不值得表态的问题就不必表态。其次，必须清楚了解问题，在对于一些比较重要的问题、不宜把握的问题上，领导者应该委婉表态。最重要的是领导者应把握时机，注意场合，适时适地地表态。

从一个人的言谈举止基本上就能够看出一个人的做事态度和一些基本的品质，说话掌握“尺度”、讲究“分寸”，能够体现领导者的领导水平和工作能力。领导者与下属之间的关系，即要有双方情感的交流、情绪的感染，又要有双方心理关系上一定色彩的凝结。表态应讲究尺度、分寸，达到最佳适度就能获得最好效果。只有态度诚恳，上司的表态才会对下属产生指导、激励作用。

有一天，国防部长斯坦顿气呼呼地对林肯诉说一位少将用侮辱的语言指责他偏袒一些人。林肯听后建议他写一封信。

“这样你就可以针锋相对地反驳他。”林肯说。

斯坦顿立即写了一封措词很强硬的信拿给林肯看。

林肯大声喊道：“斯坦顿你写得好极了！严厉地批评他一顿这是一个最好的方法。”

但是，就在斯坦顿准备把写好的信叠好装进信封的时候，却遭到了林肯的阻拦，林肯问道：“你打算怎么处置它？”

“当然是将它寄出去呀。”斯坦顿听到林肯这样一问被弄得稀里糊涂的。

林肯大声说：“不要胡闹了，这封信是不能够寄出去的，你快点把它扔到火炉里面去。我之所以让你写信是因为想缓解一下你的心情。每次当我发火时，我就是采用这种办法解除一时的气愤和烦恼的。以后遇到烦恼和想不开的事情，采用这种办法多试几次，保准见效。”

从上面的例子可以看出林肯对待下属的表态多么准确到位！既让下属发泄了怒气，又不影响大局，真可谓一举两得。

尽情地写封信发泄发泄。当你花了很多时间把信写好的时候，你心中的怨气差不多已经消了，从而也就心平气和了。记住，我们可以用不同的方式来发泄自己的不满，但没有理由去伤害别人呀！

作为领导者，你也应该从中得到一定的启示了吧？不要小看了脱口而出的表态，小方面说它是你领导能力的表现，大方面讲是一个组织的斗志是否旺盛的关键标志，切不可掉以轻心。

第八章

不同下属不同对待，做人人服从的千手观音

领导者管理员工看似对象单一，但形形色色的人是有差别的，不同的员工，有不同的年纪、不同的性格特点和不同的人生状况，是比较复杂的群体。所以，要管好每一位员工，就需要领导者是个多面孔——不同的人用不同的方式对待，这样，才能管好自己的每一位员工。

为年轻员工创造成功的条件

“海阔凭鱼跃，天高任鸟飞”，是年轻人常挂在嘴边的一句话。年轻人容易跳槽，对单位的依赖感和亲近感远不如老年员工、中年员工那样偏向稳定。如果你的员工流动较频繁，那么，一定是你的管理机制出了问题，你该反省了。

首先你一定要弄明白他们跳槽的真正目的是什么。

假如他们在你这儿获得了一定的工作经验和能力之后，便跳到另外一些条件更优越的单位中去，为的是谋求更好的发展，或是辞职单干。那么，你就该琢磨一下，是不是你给予他们的空间太小了，抑或是你没有给他们一个美好未来的希望。

大凡企业老板都希望自己的属下规规矩矩地干活，不要有非份之念。但如果有一个老板反其道而行之，鼓励自己的下属去当老板，那么结果将会如何呢?

任何有进取心的人都想单枪匹马地干出一番事业，从而不再替别人打工。日本麦当劳老板腾田，为了把员工们的这种进取欲望转化为工作热情，促使下属更好地为麦当劳工作，想出了一个“员工加盟制度”。腾田向所有职工宣布：凡在他的麦当劳汉堡店干满10年以上的职工，如果自己有意经营日本麦当劳分店，日本麦当劳总店将予以支持，总店将为这样的职工选择好分店的开办地点，到时候职工只要向总店交纳250万日元的保证金，即可做日本麦当劳加盟店的老板了。由于在日本麦当劳干了10多年，训练有素，经营方法熟悉，这对所有的日本麦当劳的职工来说无疑是强大的吸引力。冲着日后能当老板，日本麦当劳的职工干劲十足，跳槽率非常小。

领导者要给年轻职员们一个充足的空间。年轻人的确需要一个空间去幻想，去创造，去实践，去磨练，去圆梦。对于很多的年轻人来说，工作的目的并不是为了名利，而是为了真正地实现自我。为了梦想而工作的他们往往会比其他的员工更加卖力，曾经年轻过的主管一定十分了解他们的这种心情，所以应该少一些规矩，少一些条文，给年轻人一个实现梦想的机会。

小吴是时钟配件厂的一名质量检测员，他学的是设计专业，但由于分配不当，到了现在的部门，做着一份自己不喜欢的工作。尽管他的岗位很重要，但他仍在工作时间做他自己的设计。一次被主管碰上了，小吴以为这次是死定了，谁知主管看了看他的机械设计图，一句话也没有说就拿着图纸离开了。第二天，小吴就被调到设计部门去了。主管与小吴进行了面谈，主管表示很欣赏小吴的设计图纸，希望他今后能为工厂的创新做点儿贡献。小吴很感动终于可以做自己最喜欢做的设计了，他立即向主管道歉，并承诺今后一定认真工作，改变之前懒散的工作态度。于是，一个“刺头”就这样解决掉了。

现在的人，就业通常有两种情形：一是选择自己喜欢的工作做；二是照领导者所指定的工作勉为其难地去做。

前者由于是自己选择的，适合自己的意愿，会愈干愈有劲，但有些人等到深入了解了自己所做的事情后，发现与自己心中想象的不一样时，也会因此而不满现状。

而对于后者来说，他在就业时，根本就不知道自己该做什么事。本来以为上司分配的工作会很有意义、很有价值，后来却发现并非如此，大部分人便会因失望而变得消极。于是，大多数人虽然觉得不满，也会认为这是没法子的事，认命吧！照这样下去，当然不可能有干劲。有人亦会有再换其他工作的念头。虽说人的工作多是被人劝导或引诱而做的，但在其内心根本没有让自己做做看的意思时，他根本不会有干劲的，若是心中能抱着姑且一试的心理，就表示对此工作多少有一点兴趣了。如果对此工作由当初的关心而变成为自己喜欢的工作时，便会愈来愈有干劲了。

例如你的下属向你诉苦她的最爱本是绘画时，你有没有勇气圆她设计师的梦想呢？不如给她一个机会，让她试一试，如果她成功了（当然，兴趣是最好的老师），你们皆大欢喜。如果不成功的话自然也就断了她心中的念头安心于当前的工作，而且知恩图报的她一定会用双倍的工作热情来回报你，岂不比她整日魂不守舍地工作强，何乐而不为呢？

所以，要使员工有干劲，最好的办法就是让他们做自己喜欢的事，然而要让全体员工都能做自己喜欢的工作也不可能。最好事先做个调查，然后尽可能依照他们的意愿来分配工作，使人尽其才，各得其所，以减少员工们对工作可能发生的不满！

把新员工调教成自己满意的下属

大体来看，循规蹈矩的老员工比较受领导者的欢迎。因为老员工熟悉公司的情况，了解上司的习惯与脾气，所以一般来说，思路往往与上级一致，上司对于此类下属指挥起来得心应手，而且，这些人一般不犯大错误，他们的工作作风严谨而审慎。但新员工和老员工却不同，他们刚进公司，就环境的熟悉程度远不及老员工，于是他们势必在其他方面有所表现。不安于现状，总在寻求新的开拓与进取，对现成的制度与做法敢于做大胆的改革、力求更完善地工作，这往往就是一般新员工的特点。

好表现是新员工的天性，且或多或少具有一些野性。这些人是企业不可多得的创业人才，他们具有一定的可塑性。作为企业的领导者，对这些创造性人才，只要驾驭得当，让他们发挥自己的创新和特长，就能使企业永远充满活力并富有挑战性。如果自己的手下都是些唯唯诺诺、不敢越雷池半步的平庸之辈，要么工作总是平淡如水，毫无创新成绩；要么全靠领导者布置，"推一下，转一下"，做领导者的肯定会被累个半死。

斯隆曾任美国通用汽车公司总经理，他被西方管理学界誉为"现代化组织的天才"。杜拉克则是美国著名的管理学者。

1944年，斯隆聘请杜拉克担任通用公司的管理决策顾问。当他们初次见面的时候斯隆说了这样一番话："我虽然不知道要你写什么，我不知道我要你研究些什么，也不知道该得到什么样的结果，但是我知道这些都是你应该完成的任务，我只有一个要求那就是希望你把你认为正确的东西写下来，不需要考虑我们的感受。最重要的一点就是，只要你认为是对的就提出来，告诉我们'正确'的是什么，只有这样我们才能做出正确的决定。"

其实每个管理决策者的内心需求都是正确的东西，而不是一些无关痛痒的中庸的建议。但是良药苦口，很多领导者又怕这个苦，致使中庸得以延续。一个团体，生存的时间一长，中庸的人和事物都会随之而来。如果有人请外来的和尚，而其本意又是要注入新鲜血液，那么就不要把他同化到庙里已有的和尚群体中。管理学家们认为，通用何以能成为通用，斯隆何以被称为“组织天才”，斯隆对杜拉克说的这番话传达出了重要信息。

有一个土著部落，他们不习惯穿衣服，平时总是赤身裸体地生活和工作。虽然他们也遭受了其他部落的很多白眼和谩骂，但他们却从没因此改变过自己的风俗。

有一次，他们这个部落里传染起瘟疫，许多族人染病卧床。部落里的医生全都束手无策，最后他们决定到邻近部落去请一位有名的年轻医生。但那位医生知道他们那条奇怪的族规，觉得到那地方去会非常难为情，但又拒绝不了三番五次的邀请，又想到还是救死扶伤为重，便答应了。

族众们好不容易把医生请来，为了表示对医生的尊重，那天所有的族众都穿上了西服，打上了领带，聚集在他们的会堂里。欢迎医生到来的那天，当钟声响过，医生走了进来。族众们一下子都愣住了。只见年轻的医生背着重重的医疗包，身上却一丝不挂。

这是一个笑话，但它的含义深刻：尊重自己的个性是重要的。一味地迎合别人，最后可能会对双方都不利。人们往往不知道，别人尊重自己时是连自己的个性一起尊重的，自己要做的只是：坚持自己。

对于新员工，领导者必须引导他们保持自己有益的个性风格。在新员工即将进入公司时，领导者不妨先亮出自己的观点，如同上文中的斯隆对杜拉克一般，使新员工立马就了解了领导者的习性，以防新员工在茫然状况中泯灭了自己的个性，从而加入中庸的群体。

某公司新进了一位年轻人，初来乍到的他多方打听公司上下的各种情况。公司派他做的工作是整理资料、办理文书工作，但他却喜欢了解公司领导者们研究的一些事情。

有一次，公司召开中层以上管理者会议，年轻人显然不会是参加的对象，而他在会议开始之前就到了会场，董事长问他有什么事情，他说想来听听，请允许靠边占个座位。

“你为什么要来听这个会议呢?”董事长问。

“我觉得应该来听一下，多了解公司的情况总有些好处。因为我早已将工作提前完成了，我与其坐在办公室无聊，还不如在这儿多学点经验。”年轻人这么回答。

董事长没说什么，示意他在旁边坐下，心里却觉得奇怪，这年轻人刚进公司就想过问我们这些中上层管理者讨论的事情！不知他究竟要怎样?

以后，每逢这种场合，年轻人就来参加，会议上的中层、上层管理者都认识他了，他始终坐在那儿一声不吭，但很专注地听人讲话。开始，人们忽略他的存在，因为觉得他们所谈的内容与他无关。可是到后来，因为他的专注，人们也经常注意他脸上的反应了，他是一个让人觉得不应该忽略的听众，他以无声的、直接的方式加入到这些领导者们的队伍中去。

不久，某一位中层管理者离退，董事长在问及何人继任其职时，大多数人都想到了这位年轻人！

在董事长的默许下，这位特立独行的年轻人终于进入了企业管理者的行列。

一个领导者，对于新员工的一些无关痛痒的怪异举动，只要不损害集体利益，且又不伤大雅，你尽可不必急着发表你的意见或看法，抑或制止其行为。事事都管的领导者当然不是一个好的领导者，这样做只能令你的管理工作更加繁重。在原则范围内，你尽可放心地让新员工舒展个性，也许他会有什么好的主意隐藏着呢。至少比那些唯唯喏喏的中庸派要有创造性和活力。

在你的新下属中，也许会有一些不懂事理的人。他们不仅领会不了你的意图，还不时同你唱反调，甚至听信别人的挑拔。这是由他们的年龄、经验、阅历、个性修养等多种原因造成的。

如何管理与你对立的下属

领导者在管理的过程中都会遇到一些性格倔强、比领导者年长等难对付的下属，这些下属往往管理起来都是比较困难的，什么事情都喜欢和你唱反调。对于这些人，谁也不会轻易地接受。如果领导者对这样的下属根本不理睬，或者无视他们的存在，那么就可能出现浪费人才的现象。领导者不能压制和打击那些与自己对立的下属。否则，会给自己带来无穷后患。领导者要学会既要使用与自己对立的下属，又要同他们保持一定的心理上的距离。因此，领导者如果发现自己集体中有这样的人，要认真地考虑考虑如何让他们好好地工作。

人们彼此间的心理距离同刺猬之间的距离有些相似，离得过远，就会感到孤独；离得过近，又容易伤害对方。

对立意识就如同尖锐的刺，如果不能够保持一定距离的话就会被这刺刺伤。所以，应当在工作的大前提下保持一定的距离，一起努力共同前进，这样就能保持整体的协调一致。作为领导者，尤其应当注意掌握这一原则。

在组织中，难对付的人到处都有。也许在一件小事情上你就会不知不觉地发现别人与自己对立起来。作为领导者，应当明白这一点，世界并非你所想的那样可爱那么美好，你应该心胸开阔地面对这一切。在自己部门中，如果有与自己对立的下属，对领导者来说是很不利的。但是，只要领导者能克服与这种下属的对立意识，自然而然就能够顺利地指挥他们。

但是领导者在准备克服与下属的对立意识之前，应该清楚地知道为什么会产生对立意识。有时候下属对领导者所布置的任务是不能认真地执行和完成的，久而久之领导者就不会把工作委派给这种难管理没有责任心的下属。这样时间久了这种人自然也就成为了集体的包袱。

因此，对于那些与领导者对立的下属，要搞清楚为什么他们不好管理？为什么他们会成为集体的“包袱”？领导者应当认真地分析并找出解决的方法。与此同时，领导者首先必须克服自己与他们的对立意识。如果你决定这样做，你就应该注意你的谈话方式。因为有的时候，领导者的讲话方式是造成彼此对立的一个原因。因此，你要对此特别注意。

领导者不应该只看到下属的业绩和工作状况，同时还需要了解下属内心真正的想法和存在的烦恼。因此，领导者讲话时要极为慎重，千万不要伤害了下属的感情。

领导者如果掌握不好说话的技巧与提问方式的话，就可能使下属与自己产生对立。领导者可以通过经常鼓励下属积极工作的方式来消除彼此间的对立。而且，这样做还能让下属发挥出自己的全部潜力，从而为企业培养出优秀的人才。

例如，下面就是易产生对立的谈话方式：

领导者：喂，你最近的表现可不太好啊！

下属：可是我已尽了最大努力了。

领导者：努力？我怎么看不出来你在努力。

下属：我难道不是在工作吗？

领导者：你怎么能用这种态度说话？

下属：那你要我怎么说呢？

领导者：你太自以为是了，这就是你的问题所在。

不会产生对立的谈话方式：

领导者：喂，你最近的表现可不太出众啊，这可不像是你的作风。

下属：我已经尽力了……

领导者：是不是有什么心事？

下属：实际上……（父亲住院了）

领导者：是吗！你怎么不早说，家里出事理应多照顾，要不就先请几天假，好好在家照顾一下病人。

下属：好在已经没有大问题了。

领导者：噢，那就好。如果有什么困难尽管来找我。

以上两种不同的谈话方式，造成两种截然不同的效果，作为领导者应该要善于运用语言技巧，消除与下属间的对立意识，调动下属的主动性。同时，领导者在命令这些与自己对立的下属时也要讲究方法，下达命令要温柔，切不可与其发生矛盾。

对于下面两种类型的部下，采取温柔的方法下达命令会得到较好的效果。

一是性格倔犟的下属。当领导者向他们下达命令时，他们会感觉受到刺激，因而拒绝执行。即使去执行的话，也不是心甘情愿的。因此，改命令为建议，可以使其接受。

二是比自己年长或同龄的下属、曾经取得过一些成绩的下属。对于这两种类型的下属，领导者可以对他们说："我需要借助于你们的经验和智慧……"这样就表现出较谦虚的态度。要增加工作量或者工作难度特别大的时候，就对他们说："这种工作只有你们才能完成。"给予一定的认可和赞美，让他们心里感到自己是有价值、有地位的。因此，积极性就提高了。

如何管理爱发牢骚的下属

每个人都会有发牢骚的时候，更何况是面临工作压力比较大的员工。不管是奖金多、待遇优厚的三资企业，还是纪律松懈的小工厂。如果听不到一声牢骚，众皆缄口，那八成是一种封建作坊式的压抑人性的管理，或者是思想工作真正做到了家。

每个人看问题的角度不同、利益不同，有时一件好事也能引来牢骚，如调整作息时间，就必然有一部分员工欢迎，一部分员工不满、发牢骚；提升一个干部，他的同事就可能在背后发牢骚。

作为一个成功的领导者，懂得这个道理很重要，要把牢骚视为一种正常的现象，保持冷静的态度，不要听到一点牢骚就以为是"斗争新动向"，要淡化牢骚，一笑了之，提高心理承受能力。你得明白，许多人牢骚归牢骚，该怎么干还得怎么干，是不会影响工作的。

牢骚是员工情绪的一个重要因素，而员工情绪是企业管理中一个非常重要的方面，它在某种程度上对人事部门的工作具有重要的意义，作为领导者，如何对待下属的牢骚呢？领导者必须从下面几个方面考虑。

鼓励下属合情合理地发牢骚。合情合理的牢骚有助于提高下属的工作效率，也就提高了团队的成效。因为，当你鼓励下属说出不满的时候，将产生两个很重要的结果：第一，公司能在不满愈演愈烈并爆发出来之前就把问题解决掉；第二，能够向下属表明，公司不仅愿意倾听下属的心声，而且还会在必要时采取措施。这样做有助于巩固公司和员工的关系。

有一次，华为总部有几个年轻的财务雇员在电梯里大发议论，抱怨公司为什么不在研发基地设一个账务系统，这样的话话就不需要他们为了出差结账报销的事在基地和总部之间跑来跑去。但是他们万万没有想到的是电梯行至总裁办公室所在的第7层，电梯门打开总裁一言不发地挽着衬衣袖子从电梯角落里慢慢踱到电梯外。看到这一幕这些年轻人吓得目瞪口呆面面相觑，他们光顾着口舌之快万万没有注意到总裁也在电梯里面，这下可糟了，员工们相互埋怨。

但仅在十几天后，那几个在电梯里发牢骚的员工就被告知：研发基地的账务系统建立起来了，他们以后可以不必来回两头跑了。此事过后华为还专门设立了一个意见收集中心，员工如果有什么意见或者建议可以尽管提出来，此举收到了意想不到的结果。

当然，凡事都有一个度，什么事情一旦过了度就不好解决了。牢骚的多少也有一个度，如果企业中的牢骚太多了就会挫伤员工的积极性和进取精神，此时领导者就要尽快解决。

领导者需赶紧找出下属的不满之处。下属的牢骚正如客户的牢骚一样，也反映出管理工作中存在的问题，出现了问题，领导者马上找出员工的不满之处并努力去解决，这才是正确的做法。

然而，解决大多数牢骚的方法就是耐心地听，中间尽量不要插话或反驳，即使员工说得不对，也要耐心地听完最后一句话。你会惊讶地发现，许多牢骚就是为了宣泄心中的怨气，并不需要采取什么措施。问题不解决，下属心理上也会达到平衡。有时下属甚至故意发牢骚，以引起领导者的重视，显示自身的存在价值。所以说，倾听是解决牢骚的最好方法。

对待下属要像对待家人一样，充满关爱和仁慈，如果让下属带着情绪去工作，那么工作是不可能做好的，又如何去调动他们的积极性呢？要知道他们和客户接触得最多，领导者应了解下属发牢骚和不满的根源，然后再加以解决，这样下属才能全心全意地为自己工作，才能更好地为公司服务。因为，认真而努力地去工作就是回报领导者的最佳方式。

调动发牢骚者的积极性可以通过适当地让他自己来决策。一个经常发牢骚的下属一旦参与了决策，会突然振作起来，很热心地照计划去做，很容易激发他的热情，提高劳动生产率。

牢骚的出现也不应都是领导者的错，有时候领导者的做法很公平，也很科学，仅仅是为了公司的整体利益而牺牲了个别下属的小利益，如暂时让一些下属到分公司或其他基层销售部门锻炼，使这些下属能对公司的基层有所了解，以便将来更好地开展工作，这样做是符合公司的长远利益的，对下属也没有什么不好，但是可能有些下属一时会想不开，有一些抵触的行为，这时候就应当对下属进行批评教育，使他明白公司的用心。

领导者应当有一个宽广的胸怀，能够正确对待牢骚。同时也要掌握有效处理牢骚的技巧，不要让太多的牢骚影响了下属的积极性和主动性，也不要让太多的牢骚干扰了企业内部团结向上的良好工作氛围。能够正确对待牢骚、有效处理牢骚是化解领导者和下属之间隔阂的重要方法。

如何挽留要辞职的员工

年轻人“跳槽”似乎已是司空见惯的事了。当然这会给领导者的管理工作带来诸多不便，也是每个领导者都不愿看到的。为了防止和挽救这种局面，领导者应该掌握一定的技巧。下面是一位出色的领导者对要辞职的年轻员工的巧妙劝告，有理有据，想必会对你有所启发。

当然，我并不是劝你一定不能转行。试想，一个人整天干着自己毫不喜欢的工作，日复一日，怎么呆得下去！当然，转行的人也并不一定会失败，天底下没有这么绝对的事情，事实上，有些人转行后干得更好，但话又说回来，也有很多人转行后干得连原来都不如！这些人有的还不死心地期待“明天会更好”。有的则早已向后转，回到老本行去了。

因此，当你确实干不下去了，或被人解雇而必须转行时，你一定要“三思”，那么“思”什么呢？你可以从以下几个方面进行考虑：

（1）本行是不是已经没有发展前途？同行们到底是怎样看待这件事情的？如果真的已无多大发展前途，是否还会有其他的出路？

（2）自己是不是真的不喜欢这个行业，或者这个行业不能够充分发挥出你的才能？换句话说，你是否越干越没趣，越干越痛苦？

（3）如果你想要换一个环境换一个行业的话，你是否了解过这个行业的发展前景？你到底能不能适应这个行业并做得如鱼得水？而你对新行业的了解是否来自客观的事实和理性的评估，而不是急着逃离本行所引起的一厢情愿的自我欺骗？

（4）在你转行之后，你是否能够很快地适应新的环境，甚至在经济上青黄不接，可能影响你和家庭的生活，等等。这一切的一切都是需要你慎重考虑的，你是否做好了心理准备？

如果你对于以上的问题都做出了一个肯定的答复，那你就可以转行了！但是往往也会有许许多多的事情都是出人意料的，事情预先想得非常美好，但是真正做时才发现事情远远不像预期的那么顺利和乐观，转行也是如此。如果你没有到迫不得已的地步还是不要迫不及待地转行，至少有下面几个理由：

（1）如果你所转去的行业与本行毫无关系，就等于你把过去所有的经验全部丢掉。难道你不觉得可惜吗？不仅如此当你进入一个新的行业，你得花大量的时间和精力去学习。做什么事情都需要经验，而经验靠的是积累，不可能速成学来，速成班教的都是皮毛而已！何况还不一定学得好！

（2）不要成为转行队伍里的老手。当你进入某一新行业时，也许过一两年又成为老行当了，你又开始厌倦，于是又重新寻找，可不到两年，你又另有企图……如此下去，你一生的职业生涯可能就是不断地转行了。

（3）一个人做什么事情冲劲是非常重要的，但是人到了某一年龄，冲劲自然而然就会减少，当你厌倦了这个行业想要转行的时候，也许一转眼已经四五十岁了，光阴虚度，不堪回首，何必呢？

当然，话得说回来，我们只所以说这么多不是教你宁愿委屈自己也要死守本行，只是提醒你转行的风险毕竟太大，在你做好准备转行的同时你最好要有很大的决心和魄力。否则，最好不要轻率为之，尤其不能听别人说哪个行业好，就嫌弃自己的本行，心动而又行动！这种“这山望着那山高”的心态会让你一辈子都在转行，一辈子都不得安定！

如果你真的要转行，那么你就应该从老本行出发，看看有哪些行业与你的工作相关，等你了解清楚了再转也不迟，这样可以少花力气，你也并未完全进入一个陌生的行业。所谓“常移的树长不大”，如果你经常转行，不就是这样一个道理吗？再怎么说，生存还是很重要的，难道不是吗？

“智士不为暗主谋”，在一个昏庸的上司周围，是不可能留住人才的。如果是因为我确实很糟糕，那又自当别论。我也希望你能直接指出来，我一定会认真考虑，就算是你走之前送给我的一件礼物，而且这件礼物对我很重要。因为我不想再失去像你这样的人才，到人才要走时才会想起改进自己的管理方式。

当你的员工有辞职的打算时，你不妨依照上述的方法进行挽留，这当然是指针对表现出色的年轻员工。对于那些表现不好的，就“天要下雨，娘要嫁人”，随它去吧。

假如你得知你的年轻下属马上或者已经要向你提出辞职，而你权衡再三，还想让他再多待一段时间，这时候你该如何挽留他呢？

你要先冷静地调查他要辞职的原因。下面是一些可能造成下属辞职的原因，列出来供你参考：

一是下属认为你并不是一个好上司。他觉得替别的老板工作更值得，他觉得你不会欣赏他做出的努力。

二是你的团队不给下属施展才能的机会。下属认为，只要他不离开这个团队，提升的机会就小得可怜。

三是你的公司缺少吸引力。他认为，你只会尽力阻止他离开这个不愿呆的地方。这样，他一有机会就会马上离你而去。

当然，除了这些，还会有很多其他的原因，但不管是什么原因，你团队中人才的流失，直接威胁到你自身的地位和发展。对此你应该先仔细反省一下自己的“所作所为”，然后，冷静地参考下面的几条建议：

1.你是否礼贤下士，招揽人才

当招揽来的杰出人才很快立下了大功，出尽了风头时，你是否心里不平衡。从此后，你是否常常故意找茬、挑剔，直到最后把所有有才能的部下挤走。

2.你是否以相应的利益来留住人才

下属之所以留在你的身边，而没有投奔他人，是因为他希望从你这里获得最大的收获，也只有在这种情况下，他才能最大限度地贡献自己的力量。所以，一定要给予下属与他的才能相适应的优待与利益。

想好这几条后，你就可以心平气和地将你的下属找来，问问他对本公司及你个人的一些看法，是否有需要改进的弊端，并再三肯请对方明言。当对方说完后，你不妨可以这样说："我希望你能够帮我一起调查一下其他公司是怎么运作的？它们的优势何在？然后，着手进行改革。我希望公司的环境变得越来越好，以留住更多的人才。"接着，你针对对方辞职的理由强调改进的方式及展望一下改进之后的状态，而且你还可以再真诚地添加一句："小王，原定下个星期二和星期日参加的文字处理培训，恐怕得取消，因为你一走，我们这儿的人手就不够用了。"

在这种情况下，下属一般会被你的礼贤下士而有所感动，他会重新考虑辞职的必要性。

当然，如果下属还是不为你的循循善诱所动，那么，你该放就放，再努力也没有用。你没有必要勉强一位身在曹营心在汉的下属。如果你的团队业绩平平，或者你紧抓着员工不放，替你工作的人就会心不在焉。你不需要这样的人，把愿意留下来的人留住，别的人就走吧——并且要送上你的祝福。

假如你事先通过一些渠道得知你的下属马上要辞职，而你也觉得下属的表现不尽如人意，他的走正合你意，那么，你就礼貌地请他走吧（最好是速战速决，免得影响军心）。你可以请他到你的办公室，开门见山却不失礼貌地对他说："听说你要走，是吗？"然后再礼节性地问他以后的打算，并伴之劝告或祝福。

用低姿态对待爱挑剔的员工

有些下属有时会故意给你添乱，他也许是因为对你个人的威信、能力表示怀疑，也许是对你个人有点不满，甚至是以自己敢于对上司进行顶撞并将之作为自己不畏权贵的资本到处炫耀，等等。总而言之，他就是不服气，他明明知道自己这样做不对，也非得对你横挑鼻子竖挑眼不可，影响十分恶劣。

列子在《黄帝》篇中说："天下有经常取胜的方法，有经常不能取胜的方法。经常取胜的方法是柔弱，经常不能取胜的方法是刚强。"我们不妨拿来用之。

查尔斯·史考勃为人非常严厉，所以引发了一些工人的不满。有一次，史考勃经过他自己的钢铁厂，当时正好是午休时间。几个工人看到查尔斯来了，就故意开始抽烟，而在他们的头上，正好有一块大招牌，上面清清楚楚地写着"严禁吸烟"。史考勃该怎么办？一般情况下，他可能会指着那块牌子对他们说："难道你们都是文盲吗？"不，史考勃没有这么做。因为他发现这几个工人似乎是故意要这样做。他想了一会儿后，便朝那些人走过去，友好地递给他们几根雪茄，说："诸位，如果你们能到外面去抽掉这些雪茄，那我真是感激不尽了。"

吸烟的人这时会怎么想呢？他们对他这种意外的态度大吃一惊，原本他们是想趁查尔斯大骂他们的时候，也恶狠狠地发泄一番自己对查尔斯的不满。他们呆了一会，便一个个把烟头掐灭，同时对查尔斯·史考勃产生了好感，对他的不满情绪竟然一下子便飞到九霄云外去了。此后，这几个工人再也没有犯过这样的错误。

查尔斯并没有去呵斥他们，而是用充满人情味的方法使别人乐于接受他的批评，将一场即将爆发的“战争”扼杀在摇篮里。有这样的上司谁不愿意和他共事呢？可见，用商量的口吻也是制止无理挑剔的不错的方法之一。

一位大学副校长任职以后，因嫉妒而上演了一出闹剧。他原是一位普通老师，在二十几年的教学工作和生活中，结识了许多“难兄难弟”，往来甚密，不分彼此。1984年，学校领导班子调整时，有关部门任命他当了副校长。上台以后，他对于因自己平步青云而带来的嫉妒没有足够的认识，对曾经同自己朝夕相处的同事们，颐指气使，呼来唤去，动辄训斥。没有多久，就招来一片责难。一天，他正在召集学校中层干部会议，忽然，门被猛然推开，进来一位“难弟”大声喊道：“张宇，你真够意思！刚扔下要饭棍，就打‘花子’（指要饭的人）！”全场为之骚动，这位副校长的处境十分尴尬。

该校长的失误在于，他运用的是命令式管理法，根本不懂得示弱之法。如果他十分谦虚，尊重下属，特别是尊重那些“老搭档”，让他们觉得：他实在没有什么了起，不过是偶然的机遇高升副校长，工作全仗各位支持，否则将一事无成，寸步难行。那么，谁会自讨没趣地和他撕破脸皮呢？

有一位大学系主任就以这种示弱的方法解决了一个“大麻烦”。从前有一位与他同桌办公的教师十分嫉妒他，当他刚刚被提拔为系主任时，总是想尽办法找茬试图让他出“洋相”，使他难堪。后来，这位主任找到了他，诚心诚意地和他谈心，主任把自己身上所有的毛病和缺点毫无保留地说了出来，说：“无论是在教学上还是在管理方面，我的经验都还不足，就算是对系里的教学工作，也都是勉为其难，‘赶鸭子上架’。今后还需请你多多指教。”主任这种示弱的方法还是非常有效的，从此以后，那位教师再也没有找他的麻烦，还常常在工作上帮助他。

如果以上的两个方法都不行的话，那你就不妨试试让他碰几个钉子的方法，如果依旧行不通的话，那么就建议让他走人。你如此一而再、再而三地对他进行教育，他依然如此蛮横无理。如此朽木，岂能再雕？俗话说的好“一颗老鼠屎坏了一锅粥”，这样的害群之马留之无用，搅乱了工作章法倒是事实，早点炒他鱿鱼是上上策。

如何驾驭恃才傲物的员工

有时候领导者在管理下属时并不是那么的一帆风顺，有的下属谦虚诚挚、很配合领导的安排，而有的下属则“恃才傲物”，仗着自己能力强影响力大，就目空一切摆出一副高高在上的样子，有时甚至玩世不恭，对谁都不在乎。领导者在遇到这样的下属时，就需要掌握其个性特点并学会与之和谐相处。

一般来说，恃才傲物的人都怀有一技之长，否则，无本可“恃”，更无“傲”之本。所以，领导者在与这种下属相处时，一定要有足够的耐心，要视其所长而用之。绝不能采取冷处理的办法，为了压其傲气，将其搁在一边不予重用。这样做不但不能够使他正确地认识到自己的不足而且还会使他产生一种逆反心理，说不定从此就会和你针锋相对，在工作上和你唱反调，甚至故意让你出丑。因此，对恃才傲物的下属必须采用正确的方法对其进行疏导，让他心情舒畅，并在适当的时间和场合纠正他的行为。

几年前，斯马里电气公司决定把优秀的电气工程师卡门拉文从机械部门的领导者位置上撤下来。卡门拉文是电学方面的一流人才，而且恃才傲物，从不把公司中一般的人放在眼里。说实话，卡门拉文在机械部门算不上是一个好领导者，对于机械他是一个外行。公司当然不希望激怒这位不可或缺并且极其敏感的人物，于是为他安置了一个新头衔——斯马里电气公司顾问工程师。工作内容仍和以往相同——管理机械有关的电学问题，而领导的实际工作则由其他人接替。

卡门拉文对此十分高兴。其实，对于他并不熟悉的纯机械的东西让他进行管理，他早就不耐烦了。只是怕别的职员嘲笑，他才很久都没敢提出不干这份工作。

公司的高级职员也暗自庆幸。他们小心翼翼地完成了这位性格怪异的天才的重新安置，并且丝毫没有激怒他——成功的关键在于他们让他保住了面子。

用其长而避其短，同时为他人保留面子竟具有如此重要的作用！然而在领导者之中又有多少人肯花时间好好考虑一下！有些领导者只顾自己而任意践踏他人的感情，挑剔并且滥用权威，甚至当众批评下属，丝毫不考虑会伤及他人的自尊。其实只要真诚地抱着理解他人的态度，花上几分钟斟酌一下自己的语言，用其长避其短，尖锐的矛盾就可以在很大程度上得以避免。

俗话说“金无足赤，人无完人”。恃才傲物者并非万事皆通，样样能干，充其量只是在某些方面或某个领域里才能出众、出类拔萃。因此，领导者欲消除恃才傲物者的傲气，就要设法让他们认识到自己的不足，最好是在无他人的场合下，背地里给他安排一两项他做起来比较吃力且比较陌生的工作让他去做，并且要求按时完成任务。

他要想出色地完成这些任务就必须付出比以往更多的努力，即使勉强完成了任务，他也会深深地感受到要想做好一项自己不熟悉的工作是多么的困难。也许他经过努力之后仍完不成任务，这时，领导者就应该私下与其和风细雨地促膝交谈，并阐明“任何人都有自己的强项和弱项，在某一个方面虽然能够做到出类拔萃，并不代表在所有情况下都是能力超群”的道理，其后再鼓励他应该多多学习别人的长处。这样一来，他不仅不感到丢面子，而且还会充分地认识到自己的不足，其傲气便会自然消除。

由于恃才傲物的下属自命清高，眼高手低，做什么事情都会掉以轻心，即使十分重要、紧迫的事摆在他们面前，他们也会表现得漫不经心、微不足道。所以，他们往往因为自己的疏忽而误事。在这种情况下，领导者切不可落井下石，一推了之，要勇敢地站出来替他们担下担子，使他们感到大祸即将临头，领导一言解危。日后，他们在你面前不会再傲慢无礼，甚至还会对你感恩不尽、言听计从。反之，若因为他们的工作失误让你大发雷霆、批评指责，把责任一古脑地推在他们身上，即便他们表面认错，内心也会不服。他们会认为你没有足以使下属信服的能力和勇气，从而更加看不起起你。所以，在对待恃才傲物的下属问题上，一旦下属工作出现失误，领导者要尽力为下属承担责任（原则问题除外），以自己的大将风度赢得那些目空一切者的敬重。

某一位班长技术很棒，但他十分自傲，很多上司都拿他没法，因为他在工厂中的技术地位很高。他的工匠气极浓，自以为是，即使把工作指导单给他，他也总是不理不睬，和他交谈就如同到了语言隔阂的外国似的，很难沟通。

有一天，车间决定生产一种从未生产过的产品，此时冲突便发生了。这个班长从来都是凭经验工作，而今碰到了新产品，便束手无策。某位中层管理者，曾主动要求接受过这方面的技术培训，并主动提出要为他们做指导工作，但这个班长对于自己的技术过于自信，只要有人对他的工作加以批评，便非常激动。因此那位中层管理者只好采用间接的指导方式，利用作业指导单来指导他，但是他根本不把那位中层管理者放在眼里，但却又不知如何从事新产品的生产，最后只得极不情愿地按那位中层管理者的指导做下去。

他确实是按照作业的提示操作，而那位中层管理者也不敢怠慢，每天工作结束后，那位中层管理者一定详细地检查一次，看看他是否按作业单的计划进行。这更引起了他的不满。

冲突终于爆发了。有一天当那位中层管理者做检查时，发现产品的左右垂线竟然不在同一个平面上，于是那位中层管理者劈头便骂："这是什么？垂线竟然左右不一？"一瞬间，班长脸色大变，那种表情似乎在说："你算什么？只不过是一个乳臭未干的小子罢了。我做的东西，你还敢挑毛病？"他不客气地瞪着那位中层管理者，但那位中层管理者自觉有理，所以也毫无畏惧地瞪着他。

班长便默默地拿起工具来检查，结果做了几次，发现的确左右垂线不一致。于是便不好意思地说："的确是我的工作做得不合格，我重新做吧。"说完便走到另一边取工具去了。

自从这次事件发生之后，班长和那位中层管理者合作，只要一有疑难问题便跑来问那位中层管理者，并且虚心地说："这样的确方便多了，我试试吧？"就这样，他很快进步了，至于那位中层管理者和他之间的语言隔阂，也利用休息时间消除了。

恃才傲物者大都是仗着自己的一技之长而目空一切，领导者要想得到这种下属的真诚拥护和爱戴，下苦功夫学习和掌握一定的专业知识是非常重要的方法之一，提高自身的专业素质，成为本职工作的内行。一般来讲，下属大凡都瞧不起外行领导者。一个满口外行话，尽干外行事的领导者，下属是不会任其摆布的，恃才傲物的下属更是如此。所以，领导者要与恃才傲物的下属和谐相处，提高自己的专业素质和能力是至关重要的。业务水平提高了，工作就有主见，领导的号召就能在下属中一呼百应，领导的形象就能在下属心目中高高树立，其威信便能使那些恃才傲物的下属折服。

第九章

用制度约束下属，让管理有法可依少争议

一个优秀的团队必然离不开制度的约束，如果没有制度的约束，大家心底里的那点私心就会暴露无遗，为了更好地维护自己的利益在工作中难免会产生矛盾，使得每个人都觉得自己受到了不公平的待遇。而如果制定一个与大家的利益都休戚相关的制度，就会对大家的行为有一个约束，使结果相对公平，每个人也都无话可说，不会再抱怨什么。

下令不随便，令出要如山

商场如战场，管理员工的艺术如同治军的艺术。治军讲究为将者一言九鼎，让士兵感到军令如山倒，没有商讨的余地，这才是一个大将所应有的魄力。在管理员工的时候，领导者就是将军，一定要拿出将军的魄力去向员工传达自己的意识，做到下令不随便，令出要如山。令出如山，不仅彰显领导者自身的威信，更显现出领导者的自信。

战场上的情形往往是这样的：士兵们只要听到长官的命令就得马上执行，即使前面枪林弹雨也要勇往直前，最好的长官这时也会成为独裁者，他们所下达的命令对士兵们来说必须执行，谁也不能违抗命令。因为战争中，丝毫的怠慢和延误都会带来整个军队惨遭覆灭的严重恶果！所以，带兵的人必须要做到“下令不随便，令出要如山”。管理员工和带兵打仗有相似之处，领导者和军官一样，关键时候都要令出如山。

举个例子说吧，一位上司在当天晚上临时电话通知已经下班的财务人员，要求财务人员明天早上之前务必把财务报表交给自己，并告诉他情况紧急。但财务人员以下班为由，拒绝晚上加班做财务报表。在经过上司的劝说之后依然不能够按时交出报表，上司就应该拿出领导者的威严来，直接命令他：“明早上班务必把报表交给我。”

很多时候，令出如山是领导者解决问题最有效的方式——上司为了顾全大局，不得不用命令的方式。在管理员工时，当领导者为了集体利益而不得不损害某位属下的私人利益时，可以直截了当地命令他，以显示出领导者的威严。

但领导者要注意的是，该对下属下达指令的时候不可犹豫，而不该命令时也不能随便下令。作为一名领导者，最忌讳的就是滥发命令。因为随意对下属下达指令将会大大损害上司的领导威信。会让下属感到反感，觉得这也是命令，那也是命令，不分青红皂白，不辨明暗是非。下属就会把上司的命令看轻，甚至不屑一顾，不遵照或懒于遵照执行，这样，领导者的威信就会一落千丈。所以，那些精于领导艺术的人，往往是权越大，地位越高，他们越是不会随意地发号施令。久居领导职位的人知道领导者的命令是不可滥施的，而那些缺乏领导经验的人，往往会利用命令来体验当领导的快感，到处乱发命令，指挥别人做这做那，走到哪里，哪里就会听到他扯着嗓门下命令，要求别人遵照执行，在他所领导的小范围内出尽了风头。殊不知随意滥发命令会破坏自己在下属面前的形象。

领导者如果习惯于随意滥下命令，那将会造成许多不好的后果。只会用命令来领导别人的领导者，绝不是一个懂得领导艺术的领导者。滥用命令的领导者将会失去民心，得不到属下的支持和拥护，很难在领导位置久居。因为当民心相悖，就会让一个领导者失去自己的位置。

所以，精于领导艺术的人，往往在“下令不随便，令出要如山”之间找到平衡点：一方面，下令不能随便；另一方面，在下达命令后，又能做到令出如山，让下属感到自己讲人情又不乏威严。

领导的风范和魅力在如何下命令中就能体现出来。当然，做到“下令不随便，令出要如山”，对任何一个领导者都是有难度的。当你下达命令之后，往往有些下属故意不听号令，他们或许是性情乖戾的员工，或许是资格很老的员工，也可能是比你年长的人。这时，你要会为自己的令出如山扫清障碍，不管是什么人，你都必须毫不犹豫地拿他开刀，否则有令不行将是常有的事，会损害你的领导力。另外，在工作中也要注意，有些反对你的人，在你下命令时装糊涂。对付这些人，你必须始终抱着一个原则：令出如山，不可动摇！只有这样，你才能在下属当中建立起领导应有的绝对权威！

当然，在员工管理中并非一切都很顺利，有些时候，在下达命令的时候会遇到预想不到的阻碍，让你无法达到预期的工作目标。比如，没有按你的命令达到预期的销售额，办公经费超出预算，生产的产品达不到质量要求，车间未在约定期限内交货，无法回收成本，等等。你在下达这些指令的时候，员工可能会说："这很难办呢！""请再多宽限几天。""我已经尽力了。"当你遇到此类问题该如何处理呢？有领导经验的上司都不会轻易地与员工达成某种妥协，因为达成目标都不是那么容易的，然而若每次都延迟进度，重新修正，最后任务的内容就变得含糊不清。此时你需要坚定地重复你的命令，并大声地激励对方："不要净说些没有信心的话，努力去做就一定行！"

当看到领导者没有给自己留退让的余地，员工往往都会奉命行事，并在工作中发挥最大的潜力，让上司的命令最大限度地贯彻实施。对于那些拒不从令的员工，领导者可以按相应的规章制度进行处理，让这些人以后不敢挑战自己的命令和藐视自己的权威。

你不讲制度，别人就跟你讲条件

国有国法，家有家规。任何一个企业都应该有自己的一套规矩，而这一套规矩，就是公平合理的企业制度。如果你不讲制度，不用制度管人，而是用人情管人，那么员工就很可能跟你讲条件，这样你就很难服众了。

蔡先生是北京一家公司的老板，小兰是他的助理。小兰是山西贫困山区的苦孩子，当初聘用她时，就是考虑到她的家庭实际情况（父亲早逝，母亲下岗，还有一个弟弟要上学），加上她能吃苦耐劳，蔡先生在她进入公司时直接按照正式员工的工资给她。当时公司其他的几位管理者认为蔡先生这是妇人之仁，太过于讲人情，而没有按公司的制度办事，这样不利于管理公司。可是蔡先生却不以为然，两个月后，果然出了问题。

因为蔡先生提前给小兰转正，让她享受了正式员工的待遇，所以，两个月后，她的工资没有继续涨。可是小兰不满意，她说了很多理由，说她一个人干了好几个人的工作，特别辛苦。蔡先生只好对她表示理解，但是这个岗位只有这样的薪资水平，蔡先生没法给她加薪。否则，会引起大家的不满。考虑再三，他对小兰说："这样吧，我把你个人出的保险费报销了，相当于每个月给你涨了200元工资，你觉得怎么样？你要想涨工资，也只能等半年以后了，毕竟你的资历太浅。"小兰答应了。

随后的一个月中，小兰在工作中频繁出错。蔡先生听说她的母亲要来，以为她是受家庭琐事干扰，所以没太在意。当时公司的生意正转入旺季，急需人手，其他事情也特别多。在这个节骨眼上，小兰又找到蔡先生，要求涨工资。小兰似乎觉得自己不可替代，觉得自己的价值没被发现，要求公司每个月给她涨500元工资。这让蔡先生非常恼火。

后来蔡先生和财务经理、销售经理、物流经理商量，他们都觉得公司给员工的待遇应按照公司的薪资制度、奖励制度来定，而不应该任凭员工讲条件。

蔡先生作为一家公司的老板，在员工的工资问题上不遵照公司的薪资制度来定，而是和员工讲人情。没想到，他对员工的照顾却没有换来员工的理解，员工屡次和他谈条件，要求涨工资。这真可谓是"好心被当成了驴肝肺"。这个案例告诉我们，你不和员工讲制度，员工就会跟你讲条件。

其实，中国人最爱讲人情，尤其是在员工犯错的时候，老板很喜欢说"下不为例"。可是，有第一次，就会有第二次，第三次。老板一定要认识到：在制度合理的前提下，如果你讲人情对其法外开恩，那么就会为制度的推行埋下地雷。

古语说："没有规矩，不成方圆。"这句话充分说明了制度、秩序、规则的重要性。如果企业缺乏明确的规章制度，那么工作中就很容易出现问题。如果企业有制度，但是却不按制度执行，制度就会成为一纸空文，对员工根本无法产生约束力。

一般来说，有制度却不严格执行，而是制度之外开恩，会造成诸多不良的后果。比如，造成员工职责不清。很多企业有制度却不执行，这很容易造成某项工作好像谁都在负责，但实际上谁都没有真正负责。于是，两个部门对一项工作纠缠不休，相互扯皮，使原本有序的工作变成无序，造成了极大的浪费。

为了避免员工和你谈条件，你一定要把公司的规章制度严格推行下去，让每个员工都严格地按照规章制度去办事，避免造成管理的无序，对员工的积极性造成消极的影响。

每个人的智慧、能力都是非常有限的，而大多人都认为自己聪明能干，所以不太容易服从别人，对别人的能力往往又不太认同，如果单纯的“人管人”“人治人”，就很容易产生这样那样的弊端。下面我们具体来看一下。

“人治”有很强的专制色彩，缺乏公平性、民主性，很容易导致决策失误，也容易造成领导者和员工的关系紧张；“人治”带有明显的随意性、主观性，缺乏科学性，员工很难适应；“人治”是以人为主的，很容易出现“一朝天子，一朝臣”的现象，员工很可能会巴结领导者，不利于“人和”“人治”，往往难过人情关，因为人与人之间，有亲疏远近的关系，一旦发生“奖亲罚疏，任人唯亲”的事情，领导者就会失去威信，团队也会失去凝聚力。

所以，对于一个企业来说建立一套完整的制度体系是非常重要的，凡事以制度为准，才是最靠谱的。看看战场上，军纪严明，众志成城的军队，总能打败纪律涣散的乌合之众。同样的道理，企业也需要严格的管理制度，有了合理的制度，员工的工作效率才有保障，企业的长远发展才有保障。

明确告诉员工：什么该做，什么不该做

领导者往往是团队的“头儿”，要为员工指明方向、明确目标，要明确地告诉员工：“什么是应该做的，什么是不应该做的；应该怎么做，不应该怎么做。”就像岗位说明书中所描述的那样，员工才会清楚自己的职责。

或许有人觉得领导者这样做会很累，其实不然，领导者只需要出台一个制度。在制度里明确地告知员工老板对他们的期望，把企业允许和禁止的行为一条条地罗列出来，并制定具体的惩罚措施。

有个法国人在北京开了一家餐厅，该餐厅从卫生到服务，甚至对客人提的各种问题该怎样回答，都有严格的制度。制度的内容非常细致具体，任何人都必须严格执行，不得违反。比如，在制度中，有一条醒目规定：无论顾客提出什么问题，你永远都不能回答“不知道”；如果你自己不清楚，应向客人说明情况，然后马上想办法找到问题的答案，再给顾客一个满意的回答。

其实，这种规定并不只是这家餐厅的“发明”，在国外很多高级饭店、餐厅，早有这样的先例。通过这些规定，领导者向员工传达了这样一种信息：制度里规定的，就是你应该做的；制度里不允许的，就是你不应该做的，如果你做了，就犯错了。这是企业对员工的一种期望，员工按照制度去做，坚持下去，就会养成一种习惯。

当然，有些工作需要让员工发挥主观能动性，这个时候领导者除了明确地告诉员工朝哪个方向去做是公司允许的之外，具体用什么方法去

做，领导者也没办法告知员工。也就是说，领导者只能给员工明确一个大致的方向和原则，而不能给员工具体的操作方法。

日本索尼公司的创始人盛田昭夫曾对下属说："放手去做好你认为对的事，即使你犯了错误，也可以从中得到经验教训，不再犯同样的错误。"这体现了索尼公司对员工的宽容，在这种宽容之下，员工才敢大胆地探索、发挥创意，从而充分调动每个员工的聪明才智。

盛田昭夫认为，如果所有的思考工作都由公司的管理层来做，那这家公司是很危险的，正确的做法是，让每个员工都贡献自己的聪明才智。这就是盛田昭夫鼓励员工做的事情，这就是索尼公司规定的员工应该做的事，也是索尼公司对员工的期望。

你对员工有怎样的要求呢？你有没有明确告诉员工应该做什么呢？值得注意的是，"要求员工应该做什么"不一定是指让员工完成某个具体的目标，也可能是一个模糊的概念。比如，在崇尚创新的企业里，领导者明确告诉员工：积极创新、大胆思考是应该做的事情，懒于思考、不愿意创新是不应该做的。而在重视实干的企业里，领导者明确告诉员工：少说话，多做事，踏踏实实完成工作是应该做的，偷奸耍滑、滥竽充数、满嘴跑火车是不应该做的。

其实，透过"领导者告诉员工：什么是应该做的，什么是不应该做的"这个问题，我们看到的是企业对员工的衷心期望。就像一位领导者对员工期望的那样：主动去做非常需要做的事，而不必等待我去要求你。下面是一位老板写给员工的一封信：

亲爱的员工：

我们聘用你，是因为你能满足我们公司发展的需要。如果没有你公司也能顺利发展，我们就不会费这么大劲把你邀请过来。但是既然你来了，我们就要明确告诉你，什么是你应该做的。

在你工作期间，你要做好三种事情：一般性的职责，特殊时候交办的任务，团队的协作项目。通过这些事情，你有机会超越别人，以此向我们证明你的价值，证明我们选择你多么英明。

当然，你还应该随时随地自主地思考，运用你的智慧去判断并行动；你还应该毫不隐瞒地发表看法，表达观点，提出建议，我们将随时乐于倾听。如果今后我们不再提这个原则了，你千万别误会我们不重视这一点。只要你在我们公司，就不要忘记公司对你的要求，不要忘记你应该做的事情。

你真诚的总经理敬上

领导者如果没有明确告知自己的员工什么是应该做的，什么是不应该做的，就可能产生不好的后果。员工不知道怎样做是被认可的，做到什么样的程度才会让领导者满意。相反，如果领导者明确要求员工应该做什么，不应该做什么，员工就有了努力的方向，他会因此更加敬畏领导者、服从领导者。

制度不是通用的，必须量身定做

不少领导者在制定企业制度时，习惯于从网上东拼西凑一些制度模板，然后稍稍修改，或干脆照搬同行的制度，然后就在企业内部推行。殊不知，不同的企业有不同的实际情况，应该有符合具体情况的制度。试想一下，一家只有二星级管理理念和水准的小酒店，硬要照搬五星级大酒店的管理制度，会有什么样的结果呢？

人们常说：“世界上没有两片完全相同的树叶。”其实，世界上也没有两个完全相同的企业，因此，在制定企业制度时，领导者不应一味追求管理的现代化，追求与同行同步，关键是考虑企业的具体情况，考虑企业的适应性。否则，照搬人家的制度，并强制推行的结果往往适得其反。

有一家出版公司的总经理发现员工迟到、请假、早退的现象严重，对工作效率造成了不小的影响。于是他想制定一套考勤制度，以规范员工的上班纪律和考勤。他上网搜了搜考勤制度模板，然后又和同行交流了一下对方企业的考勤制度，东拼西凑之后，一套考勤制度完成了。

当他信心满满地将制度公布出来，要求遵守考勤制度时，员工们的脸上却写满了不认同。总经理倒也懂得察言观色，就问大家："大家对这套制度有什么看法，如果有意见不妨直说。"

一位员工说："咱们公司制定的考勤制度规定迟到、早退、请假都扣钱，迟到10分钟扣10元，如此类推，那迟到1个小时，就扣60元，这样一来，迟到的人也许干脆请假不来上班了，因为基本工资都扣完了。"

还有员工说："迟到扣钱，全勤怎么没有全勤奖呢？为什么只有罚，没有奖呢？有奖有罚才公平嘛。"

总经理听了大家的意见，呵呵一笑说："这个制度是同行普遍推行的制度，我在制定这个制度之前，也参考了很多同行的制度，他们也是这么规定的。别人能遵守，我们为什么做不到呢？好了，就这么办了，谁不按制度上下班，就按制度处罚谁！"

结果怎么样呢？没几天，几位经常迟到、早退的员工干脆辞职不干了。原来，这几位员工的工作能力较为突出，工作效率较高，虽然经常迟到，但是该做的工作一点都没落下。这几位高效能员工辞职之后，公司的工作效率更低了，员工经常完不成领导布置的工作，公司经常无法准时给客户交差，导致几个大客户纷纷撤销了合作计划。这严重影响了该出版公司的效益。

企业制度的制定虽然要借鉴同行，但借鉴也要有选择，对于那些不符合企业实情的条款，该放弃就要放弃。在编写制度之前，领导者还应搞清楚制定该制度的目的是什么，只有搞清楚了目的，编写制度时才有方向，否则就是“瞎子点灯”。

现如今网上有很多制度、流程，看起来很完美，使用起来也很实用。企业制度是企业阶段发展的产物，是领导者在调查研究基础上制定出来的，绝对不是照搬照抄来的。网上的很多制度、流程模板大都是一些大公司做的，它们都具有自己适应的环境。人家穿这件衣服漂亮，我们穿这件衣服不一定漂亮，因为我们的身高、身材与别人不一样。所以说，制度符合实际情况才是最好的，符合实际情况才能产生实际效果。

有些领导者可能为难了：我对公司的实际情况虽然了解，但有些情况还是不清楚的。在这种情况下，怎样才能制定符合实情的制度呢？身为领导者，必须明确一点：制定制度不能闭门造车，不是领导者关起门来苦思冥想就能搞定的，还需充分调动员工参与进来。我们可以想一想：员工每天都在公司各个岗位上工作，他们对具体情况是最了解的，如果领导者多听听他们的意见和建议，是不是能更好地了解公司的情况呢？在这一点上，日本丰田汽车公司就做得很好。

丰田汽车公司在制定制度时，特别重视了解员工的看法。他们在总厂和分厂设立了130多个绿色的意见箱，还准备了提意见的专用纸。每个月，丰田管理层都会打开箱子一到三次，采纳员工建议中有益的部分，并且还会奖励提出好建议的员工。

丰田实行这种做法后，管理层能更加全面、具体地了解公司的情况，并在这一基础上，针对公司存在的问题制定具体有效的制度。正是靠着这种管理策略，丰田公司1980年的效益比前一年增长了50%，由此奖励给员工的奖金为9亿日元，充分调动了员工的积极性。

丰田公司的管理层懂得，制度的制定要结合企业具体情况，而企业的具体情况和现存问题，需要通过广大员工的参与和反映，管理层才能更全面地了解。这种做法不仅体现了对员工的重视，同时集思广益，使公司的制度更加完善，使员工对公司的制度更加认同，更加认真地遵守制度。

另外，制度的设立要强调有的放矢，要避免泛泛而谈，避免大炮打蚊子，那些没有实际效果的条款完全可以删除。在制定制度之前，领导者除了收集员工的意见和看法，还应带着问题去调查，尽可能找到问题的根源，制定相应的应对条款。这样的制度才能真正解决问题，才是真正对企业发展有益的。

制度的设置应兼顾公平和效率

在制度面前，每个人不论职位高低、对公司的功劳大小，大家都一律平等。公司有公平和正义，公司的工作氛围才会和谐，员工的积极性才能得到保护和激发。当大家意识到只要努力工作，就能得到公司的回报时，他们自然会加倍努力地去工作。

在某工厂的生产车间门口，门卫提醒前来视察的领导者戴上安全帽，却被领导者恶狠狠地瞪了一眼：“懂不懂规矩，没看到领导来视察吗?”门卫无奈地赔笑道：“对不起，对不起!”

某公司会议室的墙壁上有一个醒目的标语：进入会议室请关手机。但是有些领导者却没有这么做，在开会的时候常常听到手机铃声或短信铃声响起，有些领导者还公然在会议上接听电话、回复短信，对墙上的标语视若无睹。

从这两件小事中，我们看到了一些领导者的特权思想，他们把自己凌驾于制度之上，在用制度管人的同时，自己却不遵守制度，当了员工的反面教材。如此一来，制度就缺失了公平性，员工感受不到公平感，工作积极性就会受到影响，工作效率也会降低。因此，优秀的领导者都懂得维护制度的公平性，以保护员工的工作效率。

维护制度的公平性首先要从领导者自身做起，自觉地遵守制度的规定，在这一点上列宁和IBM公司为我们做出了榜样。

俄国十月革命后不久，列宁参加苏维埃会议。当卫兵要求他出示证件时，他才意识到忘了带证件，结果被卫兵挡在了门外。后来，有人向卫兵说情，说那是列宁，但卫兵依然坚持按制度办事。列宁不但没有批评卫兵，反而表扬了他。

IBM公司有一条重要的管理理念，那就是人人平等。公司的总裁汤姆·沃森表示，企业的最高管理者经常犯一个错误，他们对自己和员工采取双重标准，他们在违反公司的规定之后，往往会受到宽待，甚至不会受到任何惩罚。但是当员工违反了公司规定时，他们则会按照规定惩处员工。汤姆·沃森说："这种做法会造成很坏的影响，你应该毫不留情地把这类管理人员开除。只有在制度面前人人平等，公司的利润才能实现最大化。"这就是IBM成功的重要因素之一。

IBM创立于1911年，目前拥有职工30多万人，其业务遍布全世界160多个国家和地区，是世界上最大的信息工业公司。其创始人老沃森出身贫寒，在奋斗的过程中，深感不平等给人心理带来的创伤，给人事业上造成的障碍。因此，在创办了IBM之后，他将人人平等的理念融入到管理中来，坚持在制度面前人人平等的管理原则，让每个员工都感受到平等和尊重，使他们有机会展现自己的才华。

在IBM，管理者与普通员工是平等的，那里没有单独的经理餐厅，没有管理者特有的俱乐部、高尔夫球场，也没有专供经理人使用的卫生间、停车场。这些都反映了一种追求平等的企业文化。

在IBM，每个职工都有平等的机会展示自己，无论你是谁，都必须从基层做起。当你做出成绩，当你证明自己有能力胜任某个更高的职位时，你就会得到晋升的机会。这一点，在小汤姆·沃森身上也没有例外，尽管他是老沃森的儿子，但是进入公司后，他和普通的员工一样，必须先接受公司的销售培训，然后进入基层工作。培训结束后，担任一名普通的销售代表，负责曼哈顿的销售业务。

在IBM，还有一项规定：不得歧视有色民族或少数民族。在美国，很少有公司出台这样的规定，IBM能做到这一点实属不易。曾经有两个年轻的犹太人来IBM求职，结果被拒之门外。两位年轻人认为自己受到了歧视，才失去了进入IBM的机会。于是他们写信给老沃森。

老沃森十分重视这件事，立即派人调查事情的来龙去脉，结果证实公司的招聘人员确实对犹太年轻人有种族歧视。老沃森非常恼火，他将所有的招聘人员召集起来，把两位年轻犹太人的来信读给他们听，最后严肃处理了公司的招聘人员。从此以后，IBM再也没有发生类似的歧视事件。

IBM还规定，每个员工都可以对公司的管理问题、对自己所受到的不公正的待遇向管理高层提出意见和申诉。有一次，IBM一家分公司的员工被开除了，他写信给老沃森，说他干活多，拿的工资却很少。老沃森经过调查，发现情况属实，就严肃地处理了这家分公司的管理者，最后留下了那名员工，还给他增加了工资。

IBM的制度文化告诉我们，制度不只是针对普通员工的，而是针对公司所有人员的，这里面包括了所有管理人员以及公司的老板。

《明史杂俎》记载，朱元璋有一次问群臣，天下何人最快乐？有人说功高盖世者最快乐，有人说金榜题名者最快乐，有人说富甲一方者最快乐，而一个叫万钢的大臣回答：“天下守法者最快乐”。朱元璋听后大悦，夸赞万钢“见解甚是独到”。可以说，“天下之事，成于惧而败于忽”，只有有所敬畏，才能做到“有所为、有所不为”，才能保持清醒头脑。所以，领导者在制度面前没有特权的意识，不断增强制度意识和规则意识，牢固树立严格按制度办事的观念，消除权高于法、情大于法、威盛于法等特权思想，养成自觉执行制度的习惯，这样，才能让员工忠于自己。

制度约束应符合人性需求

人是一种复杂的动物，有多种多样的情绪，有多种多样的感受，人还有自尊心，还有面子。在按制度管理企业的同时，领导者必须尽可能地让制度符合人性的需求，在管理手段上，也应该对员工多一点尊重，多一点适度包容，多一点柔性化管理。

一天，德国人琼斯驾车外出办事，由于赶时间他忘记锁车就急忙离开了。等他办完事回来后，发现车旁站着三个警察。原来，有一位路人发现他的车门未锁，就马上报警了。警察严厉批评了琼斯，并要求琼斯交纳罚款。理由是：由于他的疏忽，可能引诱别人犯罪，从而给社会治安带来负面影响。

从这个案例中，我们可以看出德国人的一种观点：犯罪不仅仅归咎于罪犯本人，如果你给人留下了有机可乘的漏洞，那么你也是有过错的，也应该受到一定的惩罚。

这个案例给领导者的启发是：当员工违反制度时，员工固然有错，但制度是否合理、是否人性化呢？如果制度本身不合理，不符合人性的需要，你又怎么要求员工绝对服从、照章执行呢？这个时候，聪明的领导者应该自我反省、自我纠错，努力制定更符合人性需求的制度，让员工感到舒服、认同，从而更好地遵守制度。

黄先生是一家中型服装厂的老板，一直以来，公司的考勤制度都非常严格——上班、下班都要打卡。如果员工上班迟到，公司会有严格的处罚措施。然而，最近人力资源部的主管向黄先生反映："公司不少员工相互代为打卡，有时我发现员工上班时间以后来到公司，可检查考勤却发现该员工已经打过卡。"

人力资源部的主管表示，虽然知道员工在考勤卡上做了手脚，但是苦于没有证据，也无可奈何。于是，黄先生要求人力资源部的主管每天早一点来到公司，站在打卡机旁边监督员工打卡，希望杜绝代打卡现象。

很快人力资源部的主管发现，在他检查期间，总有员工主动和他搭讪，甚至有人故意叫他帮忙，有意把他注意力引开。人力资源部的主管也是人，也要顾及同事之间的情面，不好得罪员工，因此，这一招也难以长期坚持。最后，黄先生购买了一部指纹打卡机，希望从源头上刹住代打卡的歪风。

果然，自从推行了指纹打卡的记考勤方式，代打卡的现象得到了很好的控制。然而，每天迟到的员工不减反增。因为有些员工为了避免上班迟到，特意半路打车，但还是迟到了一两分钟。这让员工感到十分沮丧，极大地打击了员工的积极性。

由于根据公司规定，只要上班之前没请假，就判定为迟到。因此，员工经常因为晚了几分钟，而受到了罚款的处罚，员工的不满情绪可想而知。他们会在工作期间大声地抱怨，还有不少员工附和。接下来，该员工可能一整天都消极怠工，他的不良情绪还会传染给其他员工。

表面上看起来，黄先生公司的考勤制度得到了贯彻执行，但是代价是给员工造成了极大的消极影响，影响了员工的工作积极性。这样的结果是黄先生始料未及的，作为公司的老板，他深知员工士气低落会影响公司的生产效率，可是该怎么办呢？

或许有人建议：迟到1分钟可以不计迟到。如果真是这样，当员工迟到两分钟时，该不该记为迟到呢？其实，这是一个具有普遍性的问题，它反映了管理的制度化和人性化如何平衡，才能达到最佳的管理效果。

对于这个案例中的问题，其实黄先生可以给员工每个月3次迟到的机会，并且规定迟到最多不得超过10分钟。这种规定，就是对意外迟到的一种宽容，是管理人性化的表现。如果次数超过3次，哪怕第四次迟到1分钟，也要坚决按制度予以处罚，这样才能维护公司制度的威信。

有一家小公司规定，每个月员工的请假次数如果超过了3次，就享受不到本月的全勤奖。有一次，公司一位骨干的父亲住院了，该员工一个月请了3次假。但是，他为了保证完成工作任务，通过其他的时间来加班。最后，他超额完成了本月的工作。

在计算工资时，老板是这样做的，他对该员工说："你请假超过了3天，无法得到全勤奖。但是你通过加班完成了工作，而且还是超额完成，对于你超额完成的部分，公司会给你奖金。"

这个案例中老板的做法是非常人性化的，他既严格遵守了制度，又跳出了制度的条条框框，从人性的角度出发，奖励了员工表现出色的地方。这样既不损害制度的权威性和约束力，又不打击员工的积极性。

以身作则，使下属自觉追随

得人心的领导者是什么样子的？马云说："一个老板，能不能得到员工的认可，不仅仅是员工在你的企业认真工作，因为这可能是由于你能让他获得丰厚的薪水，金钱的作用不能说明老板在员工心中的印象，当你破产的时候，他们可能作鸟兽散。‘振臂一呼，应者云集’，这才是得人心的领导者。”言下之意，下属自觉追随才是好领导者。

没有追随者的领导者剩下的只是职权的空壳，也就是说，是追随者成就了领导者。也就是说，有没有诸多的追随者，可以看出这个人是不是一个好领导者。那么，一个领导者凭什么拥有众多的追随者？

联想的柳传志就是一个让所有员工追随的领导者。当年，联想只是一个只有20万元资产的企业，但在柳传志的带领下，发展为今天有上百个亿的大企业，成为了中国电子工业的老大。而柳传志也被人们看作传奇人物，成为一个具有崇高威望的企业领导者。在联想，有很多跟随柳传志多年的员工，这些人对联想不离不弃，仅仅是因为联想给了自己不错的待遇吗？有人发现，这与柳传志的人格魅力和高尚的品格是分不开的。

在联想发展历史上，曾经有这样一个真实的故事：

柳传志看到，开会的时候经常有人迟到，于是他就制定了一条规则，开会时，参会的人迟到了，就要罚站一分钟。规则发布之后，柳传志原来的老领导迟到了，成为第一个被罚的人。人们担心这位德高望重的领导会拒绝。但是柳传志跟他说：“按理说让你罚站是我的错，但公司有规定，请你先在这儿站一分钟，今天晚上我到你家里给你站一分钟。”老领导也接受了惩罚。之后，迟到罚站也成了惯例。可见，柳传志对老同志的尊重。

有一次柳传志被困在电梯里，公司电梯坏了，最后迟到被罚了站。柳传志被罚过三次，在规则面前一视同仁。

就做人而言，柳传志有一段很有名的话：“第一，做人要正。虽然是老生常谈，但确确实实极为重要。一个组织里面，人怎么用呢？我们是这么看的，人和人相当于一个个阿拉伯数字。比如说10000，前面的1是有效数字，带一个0就是10，带两个0就是100……其实1极其关键。许多企业请了很多有水平的大学生、研究生，甚至国外的人才，依然做得不好，是因为前面的有效控制不行，他也是个0，作为‘1’的你一定要正。”

柳传志在制度方面绝不说空话，比如在联想的制度里就有一条是“不能有亲有疏”，即领导的子女不能进公司。柳传志的儿子是计算机专业的高材生，但是在大学毕业后没能进入联想，因为柳传志怕子女们进了公司会引来非议。

柳传志注重自己人格魅力的培养，以身作则，才让联想的其他领导人都以他为榜样，自觉地使员工遵守这个有利于公司发展的“条条框框”。因此我们可以看出，作为一个领导者如果不能够做到以身作则。就无法以德服人、以力御人，如果无法取得员工的信赖和认可，将必败无疑。领导必须懂得，要求下属员工做到的事，自己必须首先做到。

《论语》中说：“其身正，不令而行；其身不正，虽令不从。”有些员工往往喜欢用挑剔的眼光去看待自己的上司，他们认为自己的上司应该具备其他人所没有的特质，如果你不具备某种独特的能力或者品质那你在他们心目中的地位就会降低。在员工所期望的特质中，最重要的就是领导者的“自我要求”。当一个领导者对自己的要求远甚于对员工的要求，会站在客观的立场为员工着想，这种态度与涵养是最能赢得下属喜欢的。一天到晚光为自己打算的上司，绝非得人心的领导者。

要想让更多的员工追随自己，不是一朝一夕可成就的。领导者必须有“三军可以夺帅，匹夫不可夺志”的决心与毅力，在不断努力与经验之中，锻炼自己，让自己养成良好的品质。让自己的行为和品质禁得起员工的监督和评价，员工才会真的愿意追随你。当员工在内心中认为，“这个上司是足以信赖的！”“依此看来，他是值得尊敬的”。那么，你就掌握了领导艺术的精髓了。

遗憾的是，有些领导者根本不会去严格地“自我要求”，例如：某公司规定一个月写一次工作总结，让集合全体员工开会，就个人的工作总结讨论工作上的不足，可是该公司领导者却不会去写这份总结。因为在这位领导者看来，自己是领导者，可以偷懒。但是，这样做最容易让员工看轻他。因为在制度面前没有特权，领导者只有自己要做好工作总结，然后才能要求员工做工作总结。和员工一起遵守制度，才能够达到目标。如果只是一味地将自己置身制度之外，享受不该有的特权，如何能赢得员工内心真正的信服呢？

所以，员工能跟随一个领导者，其理由往往有两点：一是企业领导者地位既高，权力又大，不服从则将遭受制裁；二是企业领导者对事情的想法、看法、知识、经验，与员工相比，更胜一筹。这两个条件无论缺少了哪一个，部属都将叛离而去，而其中第二点尤为重要。因此，领导者应当时刻不忘如此反省自己：

“我各方面的能力比不比员工强？看法、想法以及做法是否比他们优秀？我应当怎样做才能更出色？”

“当我要求员工做某些事情的时候，我是否能够先负起责任，做好领导工作呢？”

“我是否太放纵自己了？对于要求别人要做到的，自己到底有没有做到呢？”

领导只有不断地进行自我反省，高标准地要求自己，才能在员工的心目中树立起良好的形象，才能够得到他们的尊重、信赖，从而让员工，特别是那些精英人才始终愿意跟随自己，和自己一起创造辉煌的事业。

第十章

维稳工作要做好，化解矛盾冲突不伤员工心

有人的地方往往就会有矛盾，作为一个企业的领导者，每天都需要处理这样或者那样的事情，下属的矛盾是其难以避免的。特别是当部属产生严重矛盾的时候，会弄得领导者焦头烂额，如果处理不得当还会将自己带入矛盾的漩涡之中。那么面对矛盾，领导者究竟该怎样做好维稳工作呢？

处理员工不满情绪的三大步骤

不满情绪是一种正常的心理情绪，当员工认为自己受到了不公正的待遇时，就会产生不满的情绪。他们可能发牢骚、抱怨，甚至通过自己的行为来表达不满，如消极对待工作、拍桌子、扔东西等。

身为领导者，发现员工有不满情绪时，大可不必恐慌。首先，发泄不满有利于缓解员工心中的不快。其次，及时关注员工的不满情绪，并认真对待员工的不满。千万不可对员工的抱怨反应迟钝，因为这样很容易导致管理更加混乱与矛盾的激化。

广州有一家大型家电公司收购了一家冰箱公司，之后总公司派来了四位技师，并带来了一套制度。半年后，该冰箱公司起死回生，但是这四位技师却被员工打伤了，住进了医院。

为什么公司起死回生了，员工还打伤四位技师呢？原来，员工认为这套制度太严了，非要把这四位技师赶走。

后来，总公司派一位经理来解决问题，经理召集全体员工说："你们可以派出三名员工代表，这三位代表回家把父母、老婆、孩子叫到公司来，我有话对他们说。"

当这三位代表的家属来到公司后，经理对他们说："这四位技师给公司带来了很严的制度，但也带来了新生，现在企业的效益越来越好，员工赚的越来越多，这样不好吗？如果大家要把这四位技师赶走，那公司还可能回到之前倒闭的状态，到时候大家都赚不到钱，你们愿意吗？"

最后，三位代表的家属说服了三位代表，三位有威信的代表又说服了全体员工。

面对员工的不满，家电公司的领导者及时做出了回应，顺利地化解了员工的不满，保证了企业在原有的制度下顺利发展。这个案例说明，再棘手的员工不满，只要找对了方法，都能轻松化解。

一般来说，导致员工产生不满情绪的有薪酬问题、工作环境等。薪酬问题是员工抱怨最多的，它关系着员工的生存质量。当本公司的薪酬水平在同行中偏低时，当员工的学历、岗位、业绩与薪酬不相符时，当薪酬、加班费、年终奖的计算不合理时，员工都可能会产生不满情绪。工作环境和工作条件糟糕也会引起员工的不满，小到公司的办公室布局，大到公司所处的地理位置等，都可能成为引起员工不满的原因。

通常来说，在处理员工不满情绪时，要坚持以下三大步骤：

步骤一：了解员工不满情绪产生的原因

当领导者发现员工对公司有不满、有抱怨时，应该充分重视，要及时查明原因。如果员工对薪资制度不满，领导者可以向员工了解：是不是某些职位薪资不合理，或是公司的薪资水平在同行业中偏低。通过倾听、与员工坦诚地交流，领导者不仅可以对员工表达尊重，还可以了解员工产生不满情绪的根源。了解员工的想法，找到员工产生不满情绪的根源，还可以听一听员工的意见和建议。

步骤二：分析员工不满情绪的性质

了解员工不满情绪的主因之后，领导者有必要深入分析该不满情绪的性质。如果是因个人心情不好对公司产生不满情绪，领导者可以委婉地提醒员工："不要把个人情绪带到工作中来，以免对公司其他同事产生不良影响。"如果员工的不满情绪是因公司制度不合理、公司环境不理想、工作流程不规范等问题引起的，那么领导者则要详细分析相应的问题，提出一个解决方案，化解员工的不满情绪。

步骤三：制定解决方案并定期跟进解决情况

针对员工不满情绪产生的原因，领导者应积极提出解决方案，制定好方案之后，可以向员工公布。在公布时，要做到认真详细，合情合理地解释为什么要这样做。同时，还应有安抚员工情绪的相应措施。在方案实施一段时间后，领导者应跟踪了解员工情绪变化，看员工对现状是否满意。这样可以让员工感受到关心，能使员工获得激励，使员工感受到公司对自己的重视，从而更加努力地工作。

巧妙应对冒犯你的员工

领导者每天都要面对性格不同的人，面对各种各样的事，难免会碰到性格直爽、脾气火爆、说话办事不太注意礼貌的下属。因此，被下属冒犯是比较常见的。所谓冒犯，指的是语言或行为没有礼貌，冲撞了他人。

下属冒犯领导者的原因是多种多样的，比如，有的员工工作拼命、加班加点，但在利益分配上，却总是吃亏，职业晋升上也总是慢一拍，甚至根本没机会得到晋升，时间长了，员工心里肯定会有不愉快，于是向领导者表达不满而冒犯了领导者；有的员工性格比较直爽，与领导说话也不懂得圆滑，有意见就直接说出来，不经意间冒犯了领导者；有的员工是想引起领导的注意，尤其是一些年轻员工想得到领导者的关注，但由于阅历不深，想表现自己，却无意间冒犯了领导者。

虽然说被下属冒犯不是什么严重的问题，但若处理不好，往往会影响领导者与下属之间的关系，影响彼此的心情，引发不必要的矛盾。所以说，应对下属的冒犯是需要智慧的，也是需要胸怀的。在这方面，著名学者胡适为领导者们做了一个很好的榜样。

有一年，北大文科研究所举行了一次研究报告会，有个姓韩的研究生提交了一份研究报告，主题是关于隋唐之际佛学的。当他宣读完毕后，胡适对此进行了点评。没想到胡适还没讲几句，那名姓韩的研究生就突然打断道："胡先生，你还是别再说了，你越说越外行了。"然后他指出了胡适点评中的错误。

胡适非但没生气，还微笑着请姓韩的研究生的导师继续评述那篇报告。报告会结束时，胡适说："以后举行类似的报告会，最好让我先知道题目，我也好准备准备，免得我在点评报告时出错。"

在之后的教学中，胡适并没有因姓韩的研究生的冒犯而记恨他，反而对他格外重视，在学习和生活等方面，给予了姓韩的那位研究生很多帮助。

大庭广众之下，面对学生的突然冒犯，胡适以宽容的胸怀和淡定的心态从容应对，这种应对方式是值得赞扬的。相比之下，有些领导者应对下属的冒犯时就显得非常不理智、不成熟、不宽容。

比如，有些领导者面对下属的冒犯时，往往会图一时痛快，与员工针锋相对地吵起来，结果激化了矛盾，造成双方不快。例如，有个下属找上司借单位的车练手，上司不同意，下属说了几句不中听的话，上司受到冒犯后，一气之下居然动手打了下属，最后闹得沸沸扬扬。

领导者坚持原则原本没错，不把公司的车借给个人，这种行为是值得肯定的，但他在受到下级的冒犯之后动手打人就显得太不理智，太没素养了。作为领导者，想纠正下属的无礼表现可以理解，但应注意方式方法，否则，使下属丢了面子，激起了下属的逆反心理，下属还固执己见，决不退让，最后让自己陷入骑虎难下的尴尬境地。

有些领导者被下属冒犯之后，睚眦必报，打击报复。比如，有些领导者自恃有权有势，处处骄横跋扈，只喜欢听好话，而一旦受到了冒犯，就不高兴，甚至耿耿于怀，并寻找机会打击报复，给下属"穿小鞋"，设置障碍坑害下属。

以上这两种做法都是不明智的，不但会破坏上下级的关系，影响团队的和谐，还会损害领导者公正、宽大的形象，是不可取的。那么，该怎样应对下属的冒犯才叫明智呢?

有个大型公司的董事长去分公司考察，事先他没有与分公司的领导者打招呼。来到分公司后他直接进入生产车间，当他看见一位员工在工作的时候没有戴手套，也没有戴安全帽时，便走过去对那位员工说:“你为什么不戴手套，也不带安全帽啊?”员工见一个陌生人这样跟自己说话，不假思索地说:“你是谁啊?管得着吗?”董事长一点都不生气，他不紧不慢地掏出胸牌，递给那位员工看。

接下来的场面可尴尬了，只见那位员工红着脸、低着头，流露出一副等待批评的神态。没想到董事长亲切地拍了拍他的肩，笑着说:“快把手套和帽子戴上吧，这样既保护自己，也对公司有好处。以后要保持这种习惯，而不要等别人来提醒你。”

领导者对下属宽容相待，才能体现出大度，树立威信。要想做到宽容，首先要接纳不同性格特点的人，还要接纳不同的声音，特别是反对的声音，这样可以从中获得有益于自己的东西，以弥补自己知识的不足。

当领导者遭到下属的冒犯时，最聪明的做法就是能够审时度势，分析原因，看看下属冒犯自己是因下属无心之过，还是由于自己的不足。比如，是不是自己对下属关心不够，是不是自己有不公正的表现，从而找出问题的症结。

有些矛盾“冷”处理更好

无论在日常的生活中还是在工作中，发生一些矛盾和摩擦是不可避免的。比如，同事之间或者上下级之间由于分工不合理，由于语言上的不当而导致彼此心里不愉快而发生争吵。出现这种情况时，矛盾的双方都在气头上往往情绪都比较激动，这个时候应该怎么处理呢？答案是“冷处理”。

当两名员工发生矛盾的时候，他们最有可能的就是会先找领导者，希望领导者能够站出来说一句公道话，公正地判出谁对谁错，以解决这个矛盾。这个时候，如果你立即处理，无异于火上浇油，此时双方的心情都是非常激动的，即使你给出了一个公正的答案，也很难使双方满意，总有一方认为你在偏袒另一方。这时，最好的处理方法就是请双方先回去，平复一下心情，冷静一下头脑，稍后再找他们谈话，了解矛盾的真相。

“冷处理”通常会达到以下几种效果：

第一种效果：当矛盾的双方在冷静一段时间之后，就会意识到自己的错误，这时你就可以试图与他们聊天了解他们的想法，倾听他们的苦恼，稍加安慰和提点，矛盾就化解开了。如果你再找机会让他们见面彼此道个歉，他们或许就能化干戈为玉帛了。

第二种效果：经过冷静之后一方认识到自己的不对，这时你就可以将这一方的反省反馈给另一方，促使另一方自我反省。我们知道，很多时候闹矛盾往往会碍于面子双方都不肯让步，这就是我们常说的“咽不下这口气”，如果有一方主动承认自己的错误，那么另一方的对抗心理就很容易被软化。这样一来双方的矛盾和纠纷自然而然就化解了。

第三种效果：冷静一段时间后，仍然觉得自己占理，死活不妥协。这个时候你和他们说清楚事情的利害关系不失为一个很好的方法。比如，“你们这样闹下去，搞得大家都不愉快，何必呢？倒不如大家各让一步，把矛盾解决了吧？”这样做可以体现你的公平和公正，也能更好地服众。

还有一种情况是，你是矛盾的一方，比如，你和同事发生了矛盾，你和上司发生了矛盾，你和员工发生了矛盾，这个时候你同样要学会“冷处理”。在这方面，有一个案例值得我们引以为戒。

易安信是美国一家信息存储资讯科技公司，陆纯初是大中华区的总裁。有一次，陆纯初下班后又回到办公室取东西，当他走到门口的时候发现自己没带办公室的钥匙。但是此时他的秘书瑞贝卡已经下班了，于是他就打电话给他的秘书，但是电话的那头却没有人接。于是，陆纯初非常生气地写了一封措辞严厉、语气生硬的信给瑞贝卡。与此同时，他还将这封信传给了公司其他几位高管。

瑞贝卡在收到邮件打开之后，立马以咄咄逼人的口气回复了一封信，并把这封邮件发给了中国分公司的所有人员。很快这件事情就被上传到了网上，被公司几千人转发，瑞贝卡被网友们称为“史上最强的女秘书”。

在这个案例中，无论是总裁陆纯初，还是秘书瑞贝卡，二人的做法都是非常不理智的。从客观的角度来看这件事情是由陆纯初引起的。下班后秘书未接电话，可能是有什么事情没有及时接电话，但是陆纯初却难抑制愤怒。这种愤怒的背后表现出来的是一种自我和专制。当然，作为下属瑞贝卡在被谴责后，应该要保持冷静，不应该让矛盾进一步激化。

矛盾双方都在气头上，都是在情绪极为不稳定的情况下对事情做出了回应，而且他们忘记了对事不对人的批评原则，直接把矛头指向对方。其实，作为上司的秘书，如果瑞贝卡能在面对上司情绪失控时选择回避，采取“冷处理”的方式，等上司情绪稳定了之后在对其做出解释，这样或许更容易化解矛盾。这种暂时性的回避并不代表软弱，而是一种宽容和体谅，反而更能赢得上司的尊重和好感。

同样，作为上司的总裁先生，如果在这样的小事上都不能够控制好自己的情绪，是不会有所为的。如果把这件事放一放，提醒自己冷静下来，也许就不会出现后面的结局。所以说，无论矛盾中的一方是你的上司，还是你的同事，抑或是你的下属，你都有必要对矛盾进行“冷处理”，这是一种理智的、明智的、富有智慧的矛盾化解法。

冷静处理和下属的冲突

作为领导者如果得不到下属的尊重是一件十分尴尬的事情，尤其是在大庭广众之下遭到下属的抗拒、反驳，这会让上司“下不来台”“丢面子”。当然，不被下属接受的现象还有许多，如：下属不按你的要求行事；不尊重你的意志；看不起你的为人处世；对你提出的计划总是百般挑剔；做事消极怠工，等等。如果你正处于这样的情况之下，那你将会非常的危险，可以说你的下属根本就没有接受你。

领导者得不到下属的尊重有时确实是因为因为上司制定的计划有问题才不被下属所执行或者是由于上司的能力、水平低于下属所造成的。又或者一些下属从上司的细微之处发现和推测出很多不良的习惯以及错误，从而导致他不接受上司，等等。

菲尔德房地产公司招聘了一批业务员，公司的老板正在考虑到底用什么样的方法去考量这些业务员的位置，正在这时有一位年轻人敲开了他办公室的门，年轻人走进来自我介绍说：“您好，老板，我就是今天考试成绩第一名的那个人。接下来我想对你说的话可能让你感觉到不愉快，但是这些话可能对你很有帮助。先看看你工作的办公室，还有你的衣服又脏又破，你脸上的胡子也未刮干净，你的眼光告诉我你已经打败了。地板脏得怕人，墙壁上全是灰土。你现在所用的打字机看起来好像是洪水时代诺亚先生在方舟上所用过的。”

老板听完这些话，对那位年轻人说道：“你这样说话就不怕我不会录用你？不过正是由于你有什么说什么我很欣赏。”

领导者就是在细微末节上出了问题，才被下属用近乎尖刻的语言指出。如果你是一位领导者，遇到类似的“尖刻”该怎么办？遇到这样的状况时你要好好地冷静下来，并认真地想一想：我平时的言谈举止有什么不妥的地方？纵然没有人指出来，是不是已经被许多下属发现，只是没有当面指出罢了。

如果真的要下属心悦诚服地接受你，还必须认真做好以下的事：

1.注意言辞

领导者的工作就是传达命令和指令。所以由此引发的争吵可能与传达命令的方式有关。所以在传达命令时，你最好选择能清楚表达思想的言辞，并且注意说话的语调。

2.避免撒手不管的态度

如果你要下属认真地对待任务并严格地遵循指令，有时偶尔开个玩笑是可以的，但是要清楚并把握那些重要的事情。

3.不要为了显示权威而与下属进行争吵

如果你头脑中存在着“我要你看看谁是领导者”的想法，你很快就会把整个部门闹得不可开交。设法将自己和下属的注意力集中在必须面对的问题上，那是客观环境要求的，而不是主管个人的怪念头。

4.不要发出太多的命令

滥用指令你将会自食其果，所以对发出的命令你要有选择，语言还要简短、中肯。如果可能的话，最好是等到下属完成一项命令后，再发布另一个命令。

5.不能假设下属已经理解

鼓励下属提问题，并且解释这些问题。通过重复或演示来巩固下属的理解。

6.尽量不要批评人

通过让下属完成令他们不喜欢的工作来批评他们是最不应该的，也是他们最难以接受的。下属有权期望分配到合理的工作，即使你怨恨他们中的某个人。

7.防止指令不一致

检查一下，明确在你打算告诉下属一项指令时，临近部门的主管是否正在告诉他们另一项指令。另外，对提供的指令要杜绝自相矛盾，保持一致。

8.要善于倾听

善于倾听是一门艺术，是否善于倾听，也反映在领导者的领导水平和执政能力上。自古以来，我国就有“言能听，道乃进”的执政理念，意思是说，只有能够听得进各方意见，才能使执政之道不断得到完善。必须注意：

（1）不要假设任何事情。不要猜测别人要对你说些什么，并且不要让员工认为你了解他要说的事情，即使你真的知道。

（2）不要打岔。让人把话说完，如果你很忙，要么限定时间要么另找时间，至少要保证你了解整个事情的过程。

（3）明白倾听的必要。弄清楚下属要你注意的真实用意，这时常与你所想的有很大的不同。

（4）不要反应太快。对于听到或者是看到的事情首先应该想清楚，不要急于回答。

给员工一个心理“泄洪口”

俗话说：“人生之不如意十之八九。”员工在公司里发牢骚、吐苦水是再常见不过的事情了。但对于员工的牢骚、抱怨，领导者应该提供一个适当的渠道供员工宣泄，以免员工的抑郁情绪越积越多，最后影响员工的斗志。

很多时候，员工的抱怨只是停留在口头上或者遇到不公的待遇和不愉快的事情，只要领导者让他们发泄出来，抱怨是不会影响工作的。相反，领导者懂得给员工一个心理“泄洪口”，让员工尽情地发泄不良情绪、发泄不满、抱怨不快，反而有助于提高工作效率。这是最常见、破坏性最小的发泄形式。关于这一点，著名的霍桑效应就是最好的证明。

梅奥是哈佛大学的一名教授，1924—1932年期间在他的带领下一批学者在美国芝加哥附近的霍桑工厂进行了一系列的实验，这项实验一开始是为了能够充分了解工作环境对劳动生产率有什么样的影响。但是到后来，梅森开始研究心理和社会因素对工人工作效率的影响，其间他们研究了不同的工资报酬、福利条件、工作与休息的时间比率对生产效率的影响，但是这些研究的结果都没有达到之前所预期的效果。

1928年，梅森对工厂的2000多名工人进行了采访，以了解员工对工作环境、工资、监督等方面的意见，开展了一次关于士气问题的研究。在刚开始的时候，他们按照原先所设计好的提纲提问，但是没有什么成效。到最后他们决定将访谈改为自由发表意见。在这一过程中，员工被尊重的心理得到了满足，又获得了一个发泄不满情绪和提供合理化建议的机会，因此，员工的士气高涨，产量幅度大增。这就是心理学上有名的霍桑效应。

霍桑效应也叫“宣泄效应”，它是指员工把自己心中所有的不满全部发泄出来从而提高了工作效率。要建立宣泄渠道，让员工尽情地宣泄内心的不良情绪。霍桑效应告诉领导者们，重视倾听员工的声音是非常重要的。

被称为日本“经营之神”的松下幸之助曾说过这样一句话：“让员工把不满讲出来。”他将这句话当成他的口头禅。通过鼓励、倾听员工宣泄不满，使人际关系多了和谐，少了矛盾；管理工作多了快乐，少了烦恼；公司与员工之间多了理解，少了对抗。上下级之间多了沟通，少了隔阂；倾听是一种尊重，倾听是一种信任，倾听是一种良好的沟通。如果你懂得了倾听，那么很多管理难题都会迎刃而解。身为企业领导者，你到底倾听了多少呢？

梅琳是美国纽约一家代理销售公司的总经理，她表示，公司可以得到快速健康的发展关键就在于能够重视倾听员工的心声，鼓励员工发泄内心的不良情绪。为此，公司特意建立了员工宣泄渠道。

每当公司来了新员工，梅琳都会向新员工做自我介绍，她还经常和下属谈论彼此的身世、爱好和特长，努力找到双方共同的话题。在不侵犯私生活的领域内与员工畅谈，积极加深彼此的印象，这种做法很好地取得了员工的信任。

有一位地区销售的女主管有段时间接连犯低级错误，经常魂不守舍的样子。梅琳在刚开始的时候并不知道这件事情，当她知道的时候这位女主管早已将她写好的辞呈交给了她。但是梅琳并没有接受她的辞呈，而且让人出乎意料的是第二天早晨还约她一起喝咖啡。

在喝咖啡的时候，女主管主动向梅琳谈起了自己的婚姻问题，她对梅琳说：“我是否应该和我丈夫离婚呢？”但是梅琳并不认识女主管的丈夫，并且对这位女主管也不是非常了解，因此她没有办法给女主管建议，而唯一能够做到的就是耐心地听女主管把话说完。梅琳不时点头问女主管："你觉得怎么做最好呢?"在这一过程中，梅琳多次问女主管是怎么想的，女主管每次都会将自己的想法告诉梅琳。

第二天，梅琳收到了那位女主管送来的鲜花和热情洋溢的字条，字条上写着感激的话语，希望将递交的辞呈收回来，她想用一个月的时间来改变现状。后来，这位女主管不仅婚姻非常完美，而且她所管理的部门一跃成为全公司业绩最好的部门。

无论员工在发泄的过程中说了什么，你都不要往心里去。员工只是需要一个忠实的听众，而这个听众往往会成为他最信任的人。抱怨无非是一种发泄，因此，只要你能让员工愿意向你倾诉，你的管理工作就成功了一半，因为你已经获得了他的信任。

给员工一个心理"泄洪口"，让员工把肚子里的苦水倒出来，无论这种苦闷情绪是有关公司的弊病，还是有关员工生活中的种种不顺，只要员工愿意说，你都应该耐心地倾听，并积极做出回应，这是你作为领导者的责任。你要做的就是创造一种积极的谈话氛围，只要有可能，请尽量安排员工在私人场合与你交流，并鼓励员工倾诉内心的苦闷，让员工知道你非常重视他说的每句话，你很关注他的心理感受，这样会给员工带去巨大的精神振奋，使员工感到充满动力。

如何体面地辞退不合格员工

对任何一企业领导者来说，辞退员工都是一件伤感情的事情，也是每一位领导者所不愿意面对的事情。因为，亲口说出"对不起，公司决定辞退你了"这句话不仅非常的残酷而且还很容易影响自己的人际关系，因此，如何才能体面地辞退不合格的员工，考验的是领导者的智慧。

悦悦来公司快半年了，工作中没有任何可圈可点之处，同事们对她的反映也不太好。老板介于她的表现想辞退她，但是悦悦是亲戚家的孩子，老板担心就这样辞退了会引起尴尬。于是，迟迟没有处理这件事。

一天，老板突然想到了用QQ聊天的方式来辞退悦悦，但究竟怎么说呢？老板觉得必须委婉一点，让悦悦明白自己的意思，这样才不会伤和气。他对悦悦说："我想和你谈谈职业发展规划的问题，你来咱们公司已经快半年了，我很想知道你对这个工作是否感兴趣？你想不想继续在这个行业发展？"

悦悦说："说实话，其实我对这份工作不是特别感兴趣，我想开一家服装店或一个淘宝店，做自己的事情，生活工作两不误。"

老板说："就我平时对你的了解和观察来看，我觉得你对这份工作不是太感兴趣，那你平时有没有关注开服装店这方面的东西呢？我建议你先进入服装行业，了解一下行业内的知识，这对你以后开店非常有帮助。"

悦悦说："我也是这么认为的。"

老板："要不这样，你先将你的简历发给我，因为我有几个朋友就是做这一行的，我看他们能不能帮你找到合适的工作，找到了我再通知你，你觉得怎么样？"

悦悦说："好的，那谢谢你。"

一个星期之后，老板给悦悦找了一份服装行业的工作，悦悦高兴地离职了，进入了那家服装公司。

在这次辞退员工的整个过程中，老板与员工都非常心平气和，没有丝毫的不愉快。对比一下有些领导者辞退员工，闹得脸红脖子粗、拍桌子、瞪眼睛，你是否觉得这种委婉的辞退方式可以让员工更体面地离开呢？这样做对企业的形象、领导者的形象以及上下级的关系都有好处。而且，让员工自愿离职，企业还不用承担辞退员工应承担的法律责任和相应的补偿，这对企业来说也是节省成本的一种方式。

案例中的老板采取的是委婉暗示辞退法，即不指出员工的错误，不抨击员工，而是旁敲侧击，暗示员工不合格，使员工知难而退，知趣离开。不过，有的员工虽然屡次被暗示，但依然装糊涂，赖在公司不走。这种现象也是比较常见的，也许他一直没找到合适的工作，跳槽对他来说是一种冒险。这个时候，领导者就有必要与该员工进行沟通，了解他的真实想法，必要时直接说明公司的辞退决定。

当然，你还可以采用第三种辞退员工的方法，那就是设法让别的公司把该员工“挖走”，如果该员工是高层员工，这种方法操作起来就更容易成功。因为高层员工的工资相对比较高，知名度也较高，比较容易被猎头公司关注，你可以向猎头公司推荐，让猎头公司给该员工打电话。这样员工就会意识到机会来临，从而减少被辞退所产生的痛苦。通过与猎头公司合作，可以保护员工的面子，让员工体面地离开。

但是有一点要特别注意，那就是将员工辞退之后安抚和补偿还是有必要的。比如，经济上的补偿。还应尽力为被辞退的员工介绍工作，避免被辞退的员工产生不满，做出对公司不利的举动。

另外，还需要在心理上安抚员工，减少其痛苦。平时还可以与被辞退的员工保持联系，逢年过节，给被辞退的员工发一条祝福短信，或在公司聚餐时邀请他们参加，让他们感受到公司的人情味，意识到没有机会为公司效力，但可以和公司的领导者、同事做朋友。

第十一章

打造优质团体，下属归属团队才能归属自己

领导者有责任将公司做大做强，要想做到这点仅仅靠自己的能力是远远不够的，还需要将“家人的意识”融入到管理的团队里，将团队的利益与成员的利益紧紧绑在一起，从而打造一个优质的团队。只有让下属归属团队才能够更好地归属于自己，才能够让公司健康稳定快速地发展。

把团队利益和成员紧紧绑在一起

领导者一味要求员工单方面付出是不现实的，也是没有丝毫说服力的。要想拴住员工的心，就应该拿出实际的东西将他们与企业紧密地捆绑在一起，只有这样你才能够说服员工从而让他们心甘情愿、死心塌地为企业工作。不少企业领导者在教育说服员工时缺乏艺术性，通常都喜欢说一些大道理，到最后没有起到一点作用，反倒会引来一片哄笑。如果领导者能够把自己所追求的目标与说服对象的愿望、利益结合起来，巧妙地将员工利益与企业利益对接起来，设身处地为员工着想，往往会得到意想不到的结果。

老陈是一家小型民营企业的部门经理，但他在说服员工方面可谓是行家中的行家。

有一天早晨，老陈刚刚来到办公室就发现多了两位不请自来的“客人”。原来是一名下属上班迟到被负责考勤的人事专员记录在案，这意味着300元的全勤奖没有了。结果这个迟到的员工不但没有认识到错误，反而撒泼耍赖道：“我就是迟到了，怎样？我不光今天迟到，明天也不会早来。你不就是个小小的人事专员，还真拿鸡毛当令箭了。”

两个人越吵越厉害，最后无奈之下来到了老陈的办公室评理。老陈看这架势于是将人事专员支走了，然后佯装不经意间感叹道：“今天可是这个月的最后一天了，真是太可惜了！300元的全勤奖就这样没了。”“我也不是故意的啊，毕竟谁跟钱有仇？”迟到的员工说道。

这时，老陈语重心长地说道：“虽然扣了你300元的全勤奖，但这是公司早已定下的规矩。你们想多拿钱，公司就必须有足够的钱来发，公司的钱是哪里来的？还不是大家努力工作赚来的，如果大家都迟到，公司业绩上不去，工资都发不出来，更别说全勤奖了。”

身为经理的老陈借助这种利益捆绑的说服方式，不仅成功消除了迟到员工对扣钱的不满，还让对方意识到了自身的错误，可谓一举两得。

领导者要想员工为自己卖力就必须牢牢拴住员工的心，让他们能够充分认识到自己的利益和企业整体利益是一致的，违反了公司的制度也是间接性地损害了自己的个人利益。只有上下一心、团结一致，才能够将员工与企业紧密地捆绑在一起朝着既定目标努力前进。

管理员工的艺术，主要体现在管人管心，把员工当作企业最重要的资源，那就需要充分了解员工的特长、心理状况、兴趣等综合情况，以便在工作中充分考虑员工的成长和价值，给员工安排最合适的工作。这样才能更好地调动员工的积极性、主动性和创造性，从而提高工作效率，为企业创造利润，为企业发展做出最大的贡献。

著名人力资源专家李清华多次在培训课程中告诉创业者：“管人管事不如管心。”他认为，企业如果仅仅拿出管理学的一套去管人，那么是很难取得理想效果的，在必要的时候还需要用心理学进行干预。在他看来要想把人管理好管心是其根本，只有把人的心管住了才能够激发团队的潜能，提升大家的心智，为企业创造更高的利润。

李清华把员工分为四类：一类是经济人，即需要金钱满足，因为现代人生活压力太大了；二类是社会人，即追求信任和理解，在工作中追求开心；三类人追求自我实现，这类人往往需要一个更宽广的平台去实现自我的价值；四类是复杂人，既全方位追求自我，也可以说是前三种需求的综合体。

要想把这些人管理好，就需要从心入手。对企业领导者而言，企业是由人构成的，企业发展靠的是人。只有管住了人，才能把企业管理好，而要管住人，最好的办法是管住人的心，即要采用以人为本的策略，真正得人心。这就要求领导者有识人心的能力。帮员工做出与企业发展相统一的职业规划，让他们既能赚到钱，又能快乐地工作，还能实现自我的价值。在这个规划中，要倡导终身雇佣，倡导自我、学习和提高，倡导平等竞争的理念，让员工和企业一同成长和发展。

领导者要成为“有心”之人，也许从下属一个无意识的动作、一句不经意的话语中，你就能看出其内心的本意。然后，针对员工的本意，采取最贴心的关怀、最有力的说服、最动情的激励。只有这样，才能激发员工沉睡的潜能，让员工变得更有效率，从而提高业绩。

把“家人意识”融入团队管理

人是有感情的动物，需要情感上的交流，希望与家人、朋友、同事们保持和谐、融洽的关系，希望得到别人的关心。如果企业能够满足员工的这种情感，那么他们的心是很容易被俘获的，他们就会把企业当成自己的家，尽职尽责地做好“家人”该做的事情，为企业的发展竭尽全力地贡献自己的力量。

相信有许许多多的人都吃过“老干妈”调味品，但是又有多少人能够清楚地了解它的来历呢？其实，它的成功得益于老干妈的创始人陶华碧几十年来亲情化、家庭式的经营和管理。

由于公司地处比较偏远，交通不便，员工吃饭难，住宿也是个问题，陶华碧决定包揽所有员工的吃住问题。即使公司在其发展的过程中不断壮大公司也依然没有废止这个规矩。公司员工多达1300人，陶华碧却能够叫出他们中60%的人的姓名，并记得他们中很多人的生日。当员工的生日到了时，她会给员工煮一碗长寿面，加两个荷包蛋；当员工结婚时，她必定要当证婚人……这么庞大的企业，一直实行全员包吃包住，谁敢想？谁又敢做？但是陶华碧不惜花“血本”始终坚持下来了。

通过这种亲情化、家庭式的感情激励，使得全体员工对她充满感情，大家都叫她“老干妈”，而不是叫她董事长。也正是由于这份真情，使公司的员工都将公司当成家把自己当成这个大家庭的一份子，都积极主动地对待工作。很多员工虽然离开了公司，但是还非常想回来。其中，有这样一个例子：

开始有一个女员工在离开公司之后，在别的公司做得不愉快，她特别想念“老干妈”，但是碍于面子又不好意思直接说明，于是就让人转告陶华碧。陶华碧一听就说：“我也一直惦记着她呀！《还珠格格》里的小燕子走了，她的皇阿玛是那么的牵肠挂肚，我也是那样啊！你去转告她，也转告以前在‘老干妈’工作的员工，如果在别的公司做得不愉快，都可以回来，当妈的哪会嫌儿丑呢？”这番话让员工们非常感动。

你让员工把企业当成家，员工就会把企业当家吗？当然不是，如果员工在企业里感受不到家的温暖，从领导者身上感受不到家人的关心，他们对企业就不可能有归属感。一个对企业没有归属感的员工，怎么可能把企业当成自己的家呢？很多老板都要求员工把企业当成家，但是又有几个老板像陶华碧那样真心地把员工当成家人呢？

海尔集团首席执行官张瑞敏曾经说过一句话：“要让员工心里有企业，企业就必须时时惦记着员工；要让员工爱企业，企业首先要爱员工。”所以，让员工把企业当成家，并不是光说说就可以的，更重要的就是拿出诚意和实际行动，在实际问题上为员工着想，就像父母或家长照顾子女一样照顾员工，这样员工才能在企业里感受到家庭的温暖。才会真心真意地把企业当成自己的家。

美国一家公司在波士顿港口外的小岛上举行了一次野餐会。于是员工们就组织了一场篮球比赛，球赛正在火热地进行，就在这时雷切尔·戈登不幸受伤，他的腿骨折了。公司的老板听到这个消息之后立刻打电话找来救护车，第一时间将雷切尔送入医院。

野餐会结束后，老板又赶往医院探望雷切尔。当时雷切尔的整条大腿都被打上石膏，正准备接受手术治疗。后来医生发现雷切尔的腿上出现了水肿，决定手术。当老板得知雷切尔孤身一人，无人照料时，她二话没说就在医院没日没夜地照顾他。她对待雷切尔就像照顾自己的亲人一样。这让雷切尔十分感动，但是老板认为这是她应该做的，她对雷切尔说："我不知道这样做是否明智，但我心里觉得舒坦，因为你需要有人帮助。"

如果这件事情发生在你的公司，又会是一个什么样的状况呢？你会像这位女老板那样，把员工当成自己的家人，精心地照顾他吗？

一个聪明的领导者明白，越是在员工脆弱、需要帮助的时候，越要表达对员工的重视，因为雪中送炭最能温暖人心，也最能激发员工对企业的忠诚。唯有用真心实意的关爱，才能打动员工的心，也唯有如此，才能使员工拥有使命感，进而激发员工的斗志。

在平时的工作中，利用空闲时间和员工闲谈家常，在员工乐意的情况下，与员工谈论其经历、家庭、兴趣爱好等等，会让员工感到特别亲切。当员工感受到了关爱，他们肯定会将心比心，好好地对待工作。

引入“鲶鱼”，让团队紧张起来

“鲶鱼效应”是激发员工活力的一种有效的措施。通过鲶鱼效应能够有效地激发团队的活力，通常采用以下两种方法。一种方法是引进新技术、新工艺，新设备、新观念，然后再通过领导者对员工灌输这些新东西，从而唤醒大家的危机感使大家能够清醒地认识到公司所面临的问题。另一种办法是企业从外部补充新鲜血液，使那些故步自封、因循守旧的懒惰员工感受到竞争的压力，把有朝气、才思敏捷的年轻人引入到团队中来，而唤起那些懒惰员工的生存意识和竞争欲望。

挪威人喜欢吃沙丁鱼，尤其是活鱼。因此，市场上活的沙丁鱼非常抢手，而且售价很高。可是，渔民发现：要想把沙丁鱼活着带回渔港，是件很难的事情，因为绝大部分沙丁鱼在途中会因窒息而死亡。但是有一个渔民每次回到渔港，他所捕捞的沙丁鱼总是活蹦乱跳的。

这位渔民是怎么做的呢？原来，他在装满沙丁鱼的鱼槽里放进了几条鲶鱼。鲶鱼主要以小鱼为食物，进入鱼槽后，由于环境陌生，鲶鱼四处游动。沙丁鱼见到鲶鱼，就会加速游动，四处躲避。这样沙丁鱼缺氧的问题就迎刃而解了。这就是著名的鲶鱼效应。

沙丁鱼在安全的鱼槽里比较安逸，失去了游动的欲望，导致缺氧，最后死亡。但在有鲶鱼的鱼槽中，沙丁鱼有了危机感和逃生的欲望，于是加速游动，从而增强了生命力。沙丁鱼如此，人也如此，在安逸的环境中，人的上进心会慢慢减弱。如果这个时候，出现了一条“鲶鱼”，那么人就会重新焕发出战斗的欲望。

日本本田公司在利用鲶鱼效应方面做得十分出色，本田先生认为，只有企业内存在竞争的气氛，当员工有了压力时，他们才会有紧迫感、危机感，才会激发出进取心，企业才能充满活力。

本田先生对欧美企业进行考察，发现企业内部有三种类型的人员：第一种人员是不可缺少的人才，大概占公司人数的20%；第二种人员是以公司为家的勤劳人才，这部分人约占公司人数的60%；第三种人才是终日东游西荡，拖企业后腿的“蠢材”，这部分人员占公司人数的20%。

对照自己的企业，本田先生认为，本田公司里缺乏进取心和敬业精神的“蠢材”也许更多。当然，他知道“蠢材”并非真的蠢，而是因为与公司的要求有差距，如果全部淘汰，显然是行不通的。那么，如何使前两种人员增多，使第三种人员减少呢？

后来，本田先生从鲶鱼效应中受到启发，由于销售团队经理的观念与公司的精神相距太远，而且他的思想比较保守，严重影响了下属。于是本田先生决定从销售团队入手进行人事改革，必须找一条“鲶鱼”来，打破销售团队沉闷的气氛。

为此，本田先生从外部聘请了一位年仅35岁的武太郎进入本田公司担任销售部经理。武太郎凭借自己丰富的市场营销经验和过人的才能，赢得了销售部全体成员的高度认可，大大调动了大家的工作热情，销售部的业绩也直线上升，公司在欧美市场的知名度不断提高。

通过这件事情之后，本田公司每年都会聘请一些精明能干、思维敏捷的年轻人。有时候，本田公司还会聘请常务董事一级的“大鲶鱼”。这样一来，公司里的“沙丁鱼”都有触电般的感觉，大家感受到了压力，也迸发出活力，使得企业效益蒸蒸日上。

当一个团队的工作状态比较稳定的时候，就意味着团队成员工作的积极性在降低。这个时候“鲶鱼”的到来，将会对原有的团队气氛起到很好的带动作用，在“鲶鱼”的带动下团队就会保持一定的激情和活力。

那么，鲶鱼型的人才到底有什么特质呢？怎样才能避免把鲶鱼型的人才错误判断为沙丁鱼型的呢？下面就介绍一下，公司内部考评鲶鱼型人才的几个标准：一是有强烈的工作热情和工作欲望；二是有强烈的感染力和雄心壮志，不满足于现状；三是能带动别人完成任务；四是敢于做出决断，并勇于承担责任；五是善于解决问题，比别人进步更快。符合这几点的人，基本属于鲶鱼型人才。

当然，如今很多企业还想出了第三种利用鲶鱼效应的办法，那就是从公司内部寻找“鲶鱼”。例如，如果公司内部有一个职位空缺，领导者就会第一时间从公司内部找出能够担任此职位的人员，因为公司内部员工相对于“空降兵”来说更加了解和熟悉公司实际情况，不但为公司节省了一笔开支而且有助于营造良好的晋升文化氛围。

赵先生原本是一家外企的策划部经理助理，在公司工作的这几年里，他对工作充满了热情，并且凭借着自己的才干，多次为公司提供了非常优秀的方案。但是策划部的经理在不久之前因故辞职，大家都认为会由赵先生接替策划部经理一职，但是万万没有想到的是，公司领导通过猎头公司，花大价钱聘请了一个“空降兵”。

公司做出这样一个决定让赵先生十分气愤，于是便递交了辞呈并且进入了另一家同行公司。后来，赵先生在一次大型策划活动中以他独特的想法击败了前公司，使他后来所在的公司名声大噪。前公司的领导知道了这件事情之后悔恨不已。

显然，赵先生的工作能力和鲶鱼特质没有被原公司领导发掘，这无疑是“逼走”赵先生最深层次的原因。如果领导者不重视从公司内部选拔鲶鱼人才，或者把鲶鱼型人才视为沙丁鱼，就可能导致优秀人才的流失。由于这样的人才对公司知根知底，一旦他流失到竞争对手那里，将会对企业带来极大的威胁。

让团队文化融入每个人的血液

大多数的企业都非常重视企业文化，所以很多企业不断地宣传自己的企业文化，并将其视为吸引和留住员工的一种手段。相关人士曾对“影响美国企业最重要的因素”进行了研究，其结论是：一个特定的企业文化决定了企业绩效。实际上，企业重视对文化的打造和宣传，对提升企业的绩效非常有益。因此，对领导者来说，建立优秀的企业文化，用文化凝聚人心，让文化融入每个员工的血液，是管理中的重要任务之一。

松下电器公司历来对企业的文化建设都是十分重视的，当公司招聘新员工的时候，首先要接受的就是公司的文化。公司会对员工进行价值观的训练，直到员工退休为止。并且，公司还有一项特殊的规定：在公司的小组会议上，每一个小组都需要选择一名代表提前在会议上做10分钟的报告。报告的内容主要是介绍公司的价值观和公司与社会的关系。在松下公司，有一句话非常流行：“如果你因诚实犯了一个错误，公司是非常宽容的，可以当作什么事情都没有发生。但是一旦犯了原则性的的错误，那么你将会受到严厉的批评和处罚。”这句话很好地反映了松下公司重视员工价值观的培养。

在松下公司的文化中，松下幸之助捐赠了2亿日元，设立了“松下董事长领德福会”基金，还制定了“职工拥有住房制度”，当员工35岁时，要让他们有自己的房子。这项惠民政策是松下企业文化的重要内容，以此来表达企业对员工的人文关怀。

松下的企业文化中，还有一条“遗族育英制度”，这项制度旨在对意外死亡的员工家属支付年金，保证其子女顺利地接受教育。在这种文化的熏陶下，松下公司的员工以公司为家，对公司充满归属感。

另外，还有许许多多的大企业对新人的培养都是非常重视的，除了对员工一些技能的传授之外，更多的是企业文化的灌输和渗透。有人说，企业这种做法就像是在和员工谈恋爱，目的是让员工认同自己的企业文化、了解公司的价值理念，最终爱上公司，融入团队。

简单地来说，企业文化的灌输过程，就是文化的洗脑过程。但真正的文化灌输，不能仅体现在入职培训上，也不是简简单单地将文化挂在墙上、写在纸上就可以的。大多数的企业往往将文化的宣传和灌输看作是一个形式，虽然要求员工去了解文化，但是员工了解的结果如何，企业却没有去了解。其实，企业文化的传播更应该通过日常的工作潜移默化地影响员工，这样员工才能渐渐接受，从而认同和接受企业文化。

世界500强的企业在这一方面就做得非常成功，一方面它们的企业文化传播方式对员工来说是很容易接受的。另一方面它们的企业文化充满人性的关怀，非常清晰明了。比如，摩托罗拉公司就重视通过“家庭日”活动来传达公司的文化，以影响员工及其家属。

摩托罗拉为提高公司的凝聚力，经常举办“家庭日”活动。所谓“家庭日”，指的是邀请员工的家属一起来参加公司举办的活动。活动内容丰富多彩，活动主题贴近生活。在“家庭日”活动中，既有精彩的节目，还有丰富的奖品。在整个活动过程中，大家始终沉浸在温馨的亲情中，使员工非常受触动。

摩托罗拉通过这种方式更好地凝聚了人心。当员工试图跳槽时，第一个站出来劝阻的不是公司的领导，而是员工的家人。他们的家人很可能会认为，在摩托罗拉工作是一件引以为荣的事情，劝说自己的家人不要离开摩托罗拉。

另外，摩托罗拉还注重人性化的管理模式。在公司还专门设立了道德专线，主要作用是为员工提供信息、忠告和建议。道德专线最大的特点是公正，在处理一切问题或疑虑的时候都会非常谨慎和彻底。当员工遇到什么困惑或者问题的时候就可以通过这条专线来寻求帮助。该专线没有设置来电识别功能，目的是让员工更坦诚地表达自己的意见和想法，且不用担心招来嫉恨和报复。

摩托罗拉的企业文化充分说明，优秀企业文化有助于增强企业的凝聚力，使大家产生强烈的归属感，从而为公司的发展赢得强大的民心支持。当然，优秀的企业文化会散发出一种无形的力量，在关键时刻能够体现出企业的号召力和威慑力，从而影响员工的言行。当然，它的影响力不是单独发挥功效的，而是与企业制度相配合产生作用的。

身为公司的领导者，想要把有着不同价值理念的员工团结起来，就有必要构建优秀的企业文化，并灌输到员工的思想意识中去，使大家有一个全新的统一的价值理念。与此同时，在企业文化的指导下制定合理的制度，用制度约束员工的不良行为，使大家有统一的行为准则。这样，公司的凝聚力才会强大起来，公司的战斗力也会呈现倍增效应。

依仗团队，能给自己增强气场

人们常说："在这个世界上，领导者就是团队的老大！""领导者有能力，做好自己，没有必要和同事抱成一团。"假如你不知道依仗团队的力量的话，那么，领导者在职场中存在人脉障碍就是必然的。相反，依仗团队，即使领导者能力有限，在人们的眼里也是很强大的，能给自己增强气场。

黄昏时候，洪水最终撕开了江堤。一个个小院子成了一片汪洋泽国。清晨，受灾的人们三三两两站在堤上，凝望着水中的家园。

忽然，有人惊呼："看，那是什么？"

一个黑点正随着波浪漂过来，一沉一浮像一个人！有人"嗖"地跳下水去，很快就靠上了黑点，但见他只停了一下，掉头回游，瞬间上了岸。

"一个蚁球。"那人说。"蚁球？"人们不解。

这时蚁球正向这边漂浮，越来越近，看清了：一个足球大的蚁球！黑黑乎乎的蚂蚁密匝匝地紧紧抱在一起。这时起风了，蚁球漂流不断，有小团蚂蚁被浪头打开，像铁器上的油漆片儿剥离开去。

人们看得惊心动魄。

这时蚁球靠了岸。蚁球一层层散开，像打开的登陆艇，蚁群迅速而秩序井然地一排排冲上堤岸，胜利登陆了。岸边水中仍留下了不小的一团蚁球，那是英勇的牺牲者，它们再也爬不上来了，但它们的尸体，仍然紧紧抱在一起。

看出来了吗？这就是集体的力量。自然界里的很多奇迹都是值得我们学习的。所以说，将自己弱小的身躯投入到团队的怀抱里，和所有的同事、下属紧密结合为一体，这样，你会变得更强大。

在一些人看来，你有多大的团队，你就有多大的权力。比如人们在生活中做事时喜欢在自己的头上冠上各种职务，如公司董事长、总经理、厂长、助理等，这些头衔是事业成功的象征，它还在一定程度上衬托出拥有者的威信和层次，显示出人的特殊资格和影响力，从而能让人另眼相看。身在领导岗位，地位越高，越要巧用团队的力量，这样能增大自己的威望。

吕子君在一家公司任销售经理，但从没有领导经验的他信心不足，老板却对他充满信心地说："我知道你很聪明，在大学里学的是营销专业，就像好钢要用在刀刃上一样，我要把你安排在最重要的岗位上——由你来全权负责公司产品的销售，你看怎么样？你这一步走好了，企业也就有希望了！"

可是，吕子君尽管身为销售经理，但他初入销售行业，客户根本不把他当作一回事，认为这个毛头小伙子太稚嫩，不足已成为他们的合作伙伴。

一天，吕子君对老板说："我还很不成熟，觉得自己力量很弱小，虽然我很愿意努力，但实在怕有负重托呀！您能给我指点一下迷津吗？"

"新的领域对每个人都是陌生的，关键在于你要和大家联起手来，这才是你的强势所在！众人的智慧合起来，还能有什么困难不能战胜呢？"老板很自信地说道。

吕子君一下子豁然开朗："对呀，我怎么光想自己？不是还有200多名员工吗，这就是我强大的力量。"

从那以后，吕子君每次介绍自己的时候都不会忘记说："我是销售经理，我们有200多名员工，刘军（知名销售专家）就在我们公司做事。”

每次当客户听了吕子君这样的介绍，心里都会想：“乖乖，这个年轻人虽然其貌不扬，没想到还是一个有200多人销售团队的上司。”从而会对吕子君另眼相看，也都十分尊重吕子君。人际障碍打通以后，销售工作也就顺利开展起来了。

吕子君之所以获得了客户的认可，就是让人们看到了他的团队。纵观古今，不论处在什么位置，开始时往往力量很弱小，但借助团队的力量，很多有才能的人凝聚在一起后，这时的力量就是不可小觑的。

曹操20岁时，人们根本看不起曹操。曹操想同一个叫宗世林的人交朋友，可连说话的机会都没有。后来，宗世林起身外出，曹操乘机上前将他拦住，握住他的手，表达了自己的愿望。谁知宗世林一点情面也不给，毫不犹豫地拒绝了曹操的要求。

后来，曹操做东郡太守，有人向他建议“奉天子以令不臣”，一语惊醒梦中人，聪明的曹操觉得应该利用既有的资源，为自己立威造势。

于是，献帝东迁后，曹操借口京都无粮，要送献帝到鲁阳就食，把汉献帝安全转到许昌。建安元年，汉献帝迁都于许昌。迁都许昌后，皇帝又任命曹操为大将军，曹操实际获取了高出于所有文臣武将的地位。这样，曹操拥有了一个巨大的团队。曹操利用皇帝这张牌来号令天下、号召诸侯，这个就是我们通常所说的“挟天子以令诸侯”。

不用多说，不但像宗世林那样的人对曹操敬畏三分，就是很多有才能的人，也都归顺了曹操。

韩愈云：“假舆马者，非利足也，而至千里；假舟楫者，非能水也，而绝江河。君子生非异也，善假于物也。”的确，人类的诞生、繁衍、发展……一直到成为万物生灵的统治者，都是因为“君子”善于借助外物罢了。在韩愈看来，为人处事成功的关键在于一个“假”字，领导者想要让下属对自己忠心，就要善于借助外力。

第十二章

绕开管理的雷区，让追随你的下属越来越多

领导在管理过程中，很难做到不偏不倚，稍有不慎就会偏移正确的管理轨道，进入管理雷区。这样，就很难让下属对自己有好感。所以，领导者要会识别并绕开这些雷区，以免给自己的管理工作造成障碍，或是给下属造成不必要的伤害。

领导亲民有度，但不要和下属走得太近

很多人看到领导者有高高在上的威严，认为那就是摆架子、打官腔，喜欢脱离群众的领导。因此，有些人在成为领导者后，常常放弃“官威”，想以此获得下属的喜欢和称赞。要是这样做的话，可以说不仅是违反了为官之道，更踏进了人际的雷区。

山本的上司派他到一个新部门从事工作。一上任，山本就和大家打成了一片。但新部门的工作并不顺利。由于一切才刚刚开始，条件比较艰苦，员工工资不高，却几乎天天都要加班，大家工作得很辛苦，单位的效益却不明显。

有一段时间，大家的情绪比较低落，对单位的前景有些怀疑。这种情况让山本很着急。尽管山本不是老总，但每天干完活，山本都拉上几个同事到旁边的小酒馆里喝上两杯，和大家聊天谈心，顺便探讨单位的发展前景。没想到聊来聊去，大家还真找到了一点眉目，一些项目计划也慢慢提了出来，大家的情绪也高了许多。

单位的日子眼看着一天天好起来了，但山本却发现自己的工作越来越不顺利了。山本的计划通不过，定好的方案也实施不了，有些下属居然不服从他的工作安排……渐渐地，山本觉得自己这个领导者成了空架子。

山本百思不得其解，直到有一天，总公司的领导找山本谈话，说山本所在部门的同事找他告状，反映山本经常请同事吃吃喝喝，拉帮结派……那一刻，山本真是懵了。

所以说，距离产生魅力，距离维持魅力，倒是一个“相对真理”。在领导艺术中也应遵循这一点，特别是与下属相处时，更应记住保持一定的距离。

唐某是一家企业的老板，他是个性情中人，疾恶如仇，好憎分明。可是，自从当上老板以后，他发现，这样的性格让他很难做事。对下属好了，他们蹬鼻子上脸；对他们不好，就会出现工作消极的现象。该如何处理和下属的关系呢？

他向专家咨询，专家解答：“第一，要善待下属；第二，要和他们保持距离。”唐某说：“这话是矛盾的。善待他们还要保持距离，这怎么可能呢？”专家解释说：“只有善待下属，他们才能够为领导出心出力。这样的例子不胜枚举，比如战国名将吴起，他所统率的军队打起仗来奋勇向前，战无不胜，令敌人闻风丧胆。为什么将士们都乐于为他效命呢？就因为他对下属非常好，爱兵如子，很会收买人心。有一次军中一位士兵生了脓疮而痛苦不堪，吴起看到了，就立刻俯下身去用嘴把脏乎乎的脓血吸干净，又撕下战袍把士兵的伤口仔细包扎好。在场的士兵无不感动得热泪盈眶。”

唐某感慨道：“是啊，士为知己者死。收买人心是最厉害的管理招术，尤其是在中国这样一个历来重视情义的国度中。”

专家说：“但这之间有个度一定要把握住，那就是对待下属好是好，但一定不能与他们称兄道弟，距离是一定要保留的。领导者必须要有威信，否则无法做好管理。而威信的建立，首先是距离。”

“与群众打成一片”是许多人在标榜自己工作成绩时格外卖弄的一点。但是，是不是距离越近越好！不！“群众”的某些特点其实也是每一个人的一些固有习性，使你不得不把距离拉开。

人都有这样一种“惯性”，即“得寸进尺”“蹬鼻子上脸”。你要是对他近乎些，久而久之，他便会由最初夸赞这位领导者没有架子、工作作风好，进而和你称兄道弟、不分里外，说不定还将自己的意愿与你的指挥做统一，最后可能就骑到你的脖子上。

封建时代，皇帝召见大臣，是十分严肃的。皇帝端坐御座之上，居高临下，而臣下则要一路小跑至他的膝下，行三跪九叩大礼，俯首称臣。而唐玄宗有一次召见李白，这一切森严的礼仪全都免除，他亲自坐着步辇前来迎接。当李白到来时，他从步辇上下来，大步迎了上去，迎入大殿之后，又以镶嵌着各种名贵宝石的食案盛了各种珍馐佳肴来招待李白，大概是怕所上的一道汤太热，会烫着李白，唐玄宗竟然御手亲自以汤匙调羹，赐给李白，并对他说："卿是一个普通读书人，可你的大名居然传到我的耳中，若不是你有着超凡的诗才，怎么能做到这一点？"接着又赐李白一匹天马驹，宫中的宴会、鸾驾巡游都让李白陪侍左右。

后来，李白作诗曰"天子呼来不上船，自称臣是酒中仙"。可见，在李白的心中，玄宗没有什么威严。他拒绝玄宗的召见，这样傲慢，全是玄宗过于宠爱的结果。

领导艺术中，有人强调与被领导者保持距离，这样可以树立权威形象。孔夫子说过："临之以庄，则敬。"其意无外乎是领导者与下属应保持距离，不要太亲近，留给下属一个威严的形象，下属就会对其产生敬畏感、服从感。

不要高高在上，领导不能太有架子

前面说过，当领导最忌讳和下属走得太近，但是不是意味着领导者就要端着架子呢？不一定。当领导者也不能太有架子，太有架子的领导者下属一般都不太喜欢。

从做的工作、担负的责任而言，人是有级别的，这一点不可否认，但不把级别当作资本却不是一般人能做到的。更有甚者，有些人当了芝麻粒大的小官，便不知天高地厚，不管在哪里都摆臭架子，以至于得不到人们的拥护，很多事情难以办理。

早在两千多年前中国的孔老夫子就曾说过："是为民而立王，不是为王而生民。"一代盛唐明君唐太宗也曾说道："水能载舟，亦能覆舟。"一味地拿腔作势，只是让自己的部下敢怒不敢言，而心里却巴望着有那么一天，让领导者一头栽下去，永世不得翻身。所以，一个好的领导者只有适当放下自己的架子，才能受到下属的拥戴，才能把工作做得更好。在这一点上，古时候的诸葛亮、现代的周恩来总理都为我们做出了榜样与表率，俗话叫做有人缘。赢得人缘未必都是要给多大多大的好处，人缘是日积月累的善意。大善可以成圣，小善可以成贤。一个人要想办好事，就要懂得必要时放下自己的架子。

第二次世界大战胜利前夕的一个进攻战役期间，美军将领艾森豪威尔在莱茵河畔散步，这时有一个神情沮丧的士兵迎面走来，士兵见到将军，一时紧张得不知所措。艾森豪威尔笑容可掬地问他："你的感受怎么样，孩子?"士兵直言相告："将军，我特别紧张。"

"噢。"艾森豪威尔说，"那我们可是一对了，我也同样如此。"

几句话，便使那个士兵精神放松下来，很自然地同将军聊起天来。

放下你的臭架子，就是不要高高在上，摆出你是领导者的架式。这是一种领导艺术。它可以使得领导者与被领导者之间拉近距离，从而使被领导者觉得领导者平易近人，会对领导者越发的尊重。尤其是当领导者来到兄弟部门或公司办事，正巧面对对方的上下级之间发生窘迫之事时，更应该主动上前为人解围。这样，不但为对方的上下级之间解除了尴尬，而且，无形中也为自己树立了良好的形象。

有一次，前苏联领导人赫鲁晓夫率代表团到南斯拉夫参观访问，随行人员有前苏联政府部长会议副主席米高扬和前苏联代表团成员以及一大堆各国记者。一行人乘汽车在公路上行驶着，突然，意外的事情发生了：赫鲁晓夫乘坐的那辆汽车的一个轮胎放了炮，汽车顿时停了下来。主宾的车一瘫痪，后面所有的汽车或堵或停，或横在路上。

在如此重大的国事活动中出了这样的事，可谓爆炸性新闻。记者们兴奋地抓住这个消息，都准备尽快地发出去。南斯拉夫总统铁托派来的随行人员见此情况急得满头大汗，一行人都站在路边，等着汽车修好。前苏联国家元首和各国众多记者静静地等着修汽车，这使得南斯拉夫的随行人员更加难堪。

赫鲁晓夫站在一旁，心里非常清楚，如果就这样等着，再让记者们把这事报道出去，不但会使铁托总统和南斯拉夫政府极为难堪，而且也使自己觉得尴尬。于是，他灵机一动，转过身去，笑嘻嘻地向一旁的米高扬挑战，问米高扬敢不敢在路边和自己比赛摔跤。总书记叫阵，米高扬欣然而从。顿时，两人在路边、在众目睽睽之下较起劲来。两人各显绝技，拼力角逐，摔得不可开交。世界闻名的苏联领导人在马路上像普通人一样摔跤较劲，这可是闻所未闻的事，人们的注意力一下被吸引过来。

记者们一拥而上争相抢拍镜头。南斯拉夫的工作人员趁机从容不迫，迅速修好了汽车。一行人再次顺利上路，访问日程也没怎么耽误。

第二天，各国的新闻记者们向外界发出了一系列描述两位共产党上司“重量级运动员”在马路边进行体育比赛的消息。而那件令人难堪的汽车放炮事件，早已被记者们忽略了，没有在报纸上出现。

发生了难堪的事情是在所难免的，但不能陷于慌乱，更不能胡乱掩盖，那样只能是欲盖弥彰。这时应该沉着冷静，想办法转移人们的注意力和兴奋点，使人们忽略和忘却刚才的难堪才对，而不是端着架子，大声训斥，甚至动手打别人。那样只能丢自己的脸。丧失自己的威信和人格魅力。

值得提醒的是，适当放下自己的架子，不是让你无原则地放低自己，而是适度地收起你的威严，给人一种亲和力。

不搞“一言堂”，好领导者要懂得集思广益

大多数的企业老板都常常摆出一副高高在上的姿态，对下属抱着“你给我打工你就得听我的，不愿意干就走人”的心态，根本不会将下属的意见或者建议放在眼里，甚至从来就没有给下属们发言的机会。他们独揽大权不说，而且爱搞“一言堂”，喜欢将自己的权力发挥得淋漓尽致。

一位著名的企业家说过：领导者最大的错误就是独断专行。独断专行，爱搞“一言堂”的老板早晚会摔跟头。一个领导者再有能耐，总会有犯错误的时候，犯错误不可怕，最可怕的就是他不但不听别人的建议而且犯错了自己却浑然不知。

其次，有的领导者喜欢独断专行、不听建议，这样就会让下属感觉得不到信任和重视，甚至连最起码的尊重都感觉不到，最后身边没有一个说真话的人，这样的领导者是不会得到下属拥护的。

2000年初，李一山被深圳某电子公司挖去做营销总监，主要负责公司的营销事务，其营销能力不用怀疑，经验也十分丰富，在这之前，李一山是上海一家公司的华北区销售经理。

上任之后，李一山发现这家公司所生产的大部分产品都是模仿同行的同类产品，靠低廉的价格为营销模式来吸引消费者。了解到这些情况

之后，李一山主动与公司的总经理王坚沟通。但是让李一山出乎意料的是王坚是个独断专行的人，根本不听李一山的意见。

李一山刚开始的时候认为总经理王坚之所以没有认同自己的建议是因为缺少论证，于是他经过两个星期的调查研究，针对公司的发展方向问题提出了一个方案。但是当他将这份方案交给王坚时，王坚不但不高兴，反而生气地说："我挖你过来是让你做执行，不是让你做战略决策，你应该做好自己的本职工作，这些不需要你来操心，公司的全局战略性问题应该由我来完成，所以请你不要越权，你这个营销总监负责执行营销战略就行了。"

李一山是一位有能力的营销人才，但是在独断专行的老板手下，其业绩黯然无光，于是他果断选择了辞职。半年之后，王坚的公司倒闭了，原因是他一人独裁，听不得下属的建议，在失去人心的同时，公司也丧失了竞争力，最终导致资金链断裂，全线崩盘。像这样的公司还有很多，公司老板表面上强调团队建设、鼓励团队合作，但实际上不愿意听取属下的意见和建议，不懂得集思广益，这种个人主义是公司发展的致命障碍。这不仅易于激起下属的不满，影响下属工作才能的发挥，还容易让领导者在错误的决策上固执到底，最后付出惨重的代价。

所以，一个独断专行的领导者，在管理中往往会表现出极端化、片面化、武断化的处事风格，那么该如何解决这个问题呢？这需要老板从根本上充分认识到独断专权的危害，当然，公司也可以通过制度来约束领导者的决策权，例如，公司制定了民主协商的决策制度，尤其是涉及公司战略问题时，除了领导者有绝对发言权之外，公司其他高管，包括普通员工也有权参与决策，也会在一定程度上减轻领导者独断的毛病。通过集思广益，可以在一定程度上减轻领导者犯错的可能性。

此外，公司还应努力创造"知无不言，言无不尽"的沟通气氛。领导者一定要学会倾听下属的意见或建议，虽然有时候下属所提出的建议会缺乏一定的合理性，但领导者一定要耐心地倾听，并且对下属积极献言的行为要表达肯定和赞赏，这是保护下属积极性的重要举措，也是对下属最基本的尊重。

作为企业老板或领导者，你一定要认识到："众人拾柴火焰高。"你要清楚，个人的智慧始终是有限的，多听听部属们的意见和建议对你有益无害。如果你认为他们所提出的建议不合理，你可以在说明原因后不予采纳，但是当他们提建议时，你一定要认真地听，并且感谢他们积极献计献策。这样的领导者才能鼓舞大家的斗志，才能赢得大家的拥戴。

别狂妄，低调做领导是一种大智慧

地不炫耀自己的厚度，但没有谁能取代她作为万物的地位；海不炫耀自己的深度，并不影响它容纳百川；山不炫耀自己的高度，并不影响它的耸立云端……低调是一种修养，是一种包罗万象、厚德载物的智慧。万物亦是如此，那么低调做人，便成为智者的选择。对于一个高层的领导来说，低调做领导便是一种大智慧。

低调做领导，不仅可以保护自己、融入下属，与下属和谐相处，也可以让领导者暗蓄力量、厚积薄发，在悄然潜行中水到渠成，取得事业的成功。低调做领导，是一种品格，一种境界，一种修养，一种智慧，是做领导者必备的一种素质。欲成事者必须厚德载人，俗话说：得人心者得天下，只有这样才会取得事业的成功。华为集团的总裁任正非就深谙此道。

1988年任正非在深圳创建华为公司，这家公司专门从事通信设备研究、开发、制造与销售的高科技公司。目前，华为在全球建立了30多个分支机构，在美国达拉斯、印度班加罗尔、瑞典斯德奇尔摩、俄罗斯莫斯科以及中国北京、上海等地建立了研究所。有下属2.2万多人，80%以上都是大学学历，1500多人拥有博士学位。华为产品已经进入俄罗斯、埃及、泰国、新加坡、韩国、德国、西班牙、巴西等40多个国家。2000年，在全国电子百强企业排名中，利润排第一，华为销售额220亿元，利润24亿元，被美国《福布斯》杂志评选为中国50富豪第3位。2002年，华为的销售额为220亿元人民币，是中国第一大电信设备公司，比同业第二名大两倍以上。英国经济周刊《经济学人》曾对华为集团做出了这样的评价："成立后的12年里，华为和几家国内程控交换机生产厂家一起，从跨国电信公司手里夺回半壁江山。公司几乎颠覆了国外总认为中国是一个低科技、低成本产地的印象，它的崛起，是外国跨国公司的灾难。"

然而，领导者任正非谈及华为成功问题的时候很是低调，他说："华为没有成功，只是在成长。华为经过的太平时间太长了，在和平时期升的官太多了，这也许会构成我们的灾难。什么叫成功？就像日本那些企业那样，经九死一生还能好好地活着，这才是真正的成功。泰坦尼克号也是在一片欢呼声中出的海。我们许许多多的下属盲目地自满，认为我们公司的水平已是世界水平了，仅仅只看到我们在局部产品上偶然领先西方国家的公司，他们就像井底之蛙一样，并不知道世界著名公司的内涵，也不知道世界的发展走势，别人不愿公布的潜在成就。华为在这方面很还年轻、很幼稚，很不成熟。"

从任正非的这番话中不难看出低调做人的境界和智慧。不难想象，如果任正非盲目自满，是不会洞察公司在发展道路上所遇到的危险与复杂因素的。那么，华为前进的步伐则会严重受阻，甚至还有被倾覆的危险。低调的领导者往往能以敏锐的眼光、理性的思维洞察一切，从而能够客观地分析当前所面临的局面并且做出正确的决策。华为的辉煌成绩正是在任正非低调领导的艺术和智慧中得以造就的。

低调做领导是一种大智慧，其实质就是不张不扬、不骄不狂、不炫不耀、不虚不浮、谨慎冷静、务实追求。这样做等于领导者在欣赏别人的同时也在欣赏自己，善待别人的同时也是善待自己。华为总裁任正非能够用长远的眼光看待日后的发展并能够清醒地认识到：华为的产品仅是在局部偶然领先西方国家，并非华为公司的水平已是世界水平了。不均衡发展才是华为日后努力发展的方向和需要解决的关键问题所在。就像“短板原理”一样（短板原理是指一个水桶无论有多高，它盛水的高度取决于其中最低的那块木板），要想整体的实力变得强大，关键是先要把局部的问题处理好。任正非正是充分地认识到这点，才使得华为集团能够在社会上赢得良好的口碑，使集团稳定、快速的发展。

一个领导者即使才高八斗，能力超群，也要学会用低姿态来做人处事，不炫耀、不张扬、不狂妄、不浮夸。只有这样才能冷静地处理在领导中遇到的各种问题。

领导者心高气傲，下属就会对其远而避之

“这家企业的老板简直太心高气傲了。”如果有下属这样评价他的领导者，那说明这位领导者不得人心，或者说是这个领导者脱离群众了。领导者心高气傲，下属就会对其远而避之。一般来说，领导者心高气傲有三大恶果：一、容易被上司误解，没人喜欢整天昂着脑袋跟自己打交道的下属，他会恨不得把你扔进地中海里；二、遭到同级嫉恨，锋芒太露遭人恨，不会做人树敌多，某些同事一定会背地里搞小动作，说不定哪天就会让你摔个跟头；三、下属不配合，让人畏惧的上司，只会在员工面前成为孤家寡人。作为领导者，要是失去了下属的依托，后果可想而知。

田中道信是日本著名的销售大师，但他年轻的时候是一个虽有才华

却狂傲不已的人。他只相信能力，不相信谦虚和务实。后来，一直对他比较信赖甚至娇纵的公司老板去世了，他失去了保护伞，新社长管林先生下决心要改变公司的一些旧制度，实行新的管理之道。

这时，心高气傲的田中道信对自己的经验和感觉很有自信，他认为管林应该采取自己的办法，于是进行了针锋相对的争执与反对。但是，争执还未有结果，新社长就宣布免去他的职务，任命其他人把他取代。原来，在管林先生眼中，田中道信一直是个傲慢的人，他仗着自己能力出众，瞧不起上司和下属，不管是谁都得听从他的意见，在公司里颇有些飞扬跋扈的感觉。

尽管田中道信认为自己并非如此，但他平时的工作作风的确给人留下了高傲的印象。就在他想消除与管林先生的误解时，这位新社长却已经撒手人寰，这件事情给田中道信留下了终身的遗憾。

醒悟过来的田中道信在后来的回忆中说："管林出任社长时，我作为一名干具体工作的有经验的人，应该谦恭地配合他。他是社长，肯定要受到这个头衔的约束，而且也拥有相当强的能力。"

田中道信从这段经历中学到了管理自己的奥妙，懂得了让自己变得务实和谦虚的重要性，最终获得了巨大成功，被人冠以"销售鬼才"的美誉。

作为领导者，拥有过人的才华是必须具备的条件，没什么值得骄傲的。但是有些人，他们过于强调自己的能力，忽视或者贬低上司的决策，可是上司毕竟是你的领导者，他能够坐到这个位置，就必定具备相当的能力。虽然可以承认你能力超群，但绝不会允许你这种自傲浮躁的工作态度。偶尔几次，他还可以装作看不见，或者暗示你改正。如果将高傲变成常态，以至于每天都斜着眼看待你的上司，他必定会找机会给你重重一击！

所以，领导者要吸取什么经验？还认为心高气傲的自己无法晋升，是因为运气欠佳或者遭小人暗算的结果吗？其实问题恰恰就在于你的骄傲和浮躁上！只有去掉这种轻浮的态度，在生活和工作中变得冷静、谦逊和务实，把自己管理好，才能有效地保护自我，充分发挥自己的才华。

要去除心高气傲，可以用以下办法管理自己：一、时刻告诉自己，每个人都有优点；二、战胜盲目自大的病态心理；三、多请教他人，遇事万不可自作主张；四、得饶人处且饶人，养成谦虚待人的美德。

领导者在公司如果不露锋芒，就能得到下属的拥戴；但如果锋芒太露，又容易招人陷害。想成为优秀的领导者，就要在这方面完善自己，让才华的显露适可而止，在上司、同级和下属面前，把形象做足100分，虽是“夹心饼”，却处处受欢迎。

没有永远的错误，只有改进后的正确

管理是实践而不是实施，管理不是了解而是行动。没有现成的管理条例供你实施，管理是在实践活动中逐步改善的，从而找到正确的方法。这就要求领导者在管理实践中，勇于探索，勇于犯错，勇于承担责任。有责任才有动力，有目标才有方向，有实践才能改进，只有这样才能够慢慢地探索出一条成功的道路，公司才会一步步地走向成功。

一直引领着电子产品新潮流的索尼公司曾在《财富》杂志年度世界500强排行榜上排名第31位。但很少有人知道，它的前身是一个街道小企业。创始人之一的盛田昭夫从零开始，历经曲折、坎坷，带着索尼一步步走向辉煌，最终把它做成了跨国公司。

1946年，索尼公司的前身——东京通信工业公司成立了，这是盛田昭夫与井深大一起奋斗创建的。公司开创不久，他们就取得了新的进展，他们利用自己在物理学方面的专长，研制出了磁带录音机及磁带。

这种录音机比原有钢丝录音机具备了三大优势：第一，革新了技术，使用方便；第二，录放的音质高，效果好；第三，比原来的成本大大降低。在有关专家鉴定的时候也是好评如潮，很多人都认为这种新型录音机一定能畅销。

盛田昭夫怀着激动的心情把它推向了市场，但是结果很出乎人的意料，这种录音机不被大多数的购买者所接受。之后经过多方面的了解，原来是很多人还不清楚这种产品是干什么用的，于是，他开始大量搞推销宣传活动。他用汽车拉着产品，到公司、学校、商店以及任何人群聚集地去展示新产品。当用这种录音机录下人们的谈话，然后再放出来时，所有的人无不感到惊奇万分。经过一段时间之后，购买的人却依旧很少，这是为什么呢？原来大家都有同样的感觉：这东西确实很新鲜，也很实用，不过，如果把它买来做娱乐，价格就有些贵了。

事实让盛田昭夫非常失望，他一度怀疑自己是不是错了，压根就不应该生产出这个东西，不过他还是坚持着自己的信念。有一天，一件偶然的事情却让他明白了。他在一家古玩店发现：有一个非常破旧的瓶子，在别人眼里看来没有什么实用价值，结果一位顾客毫不犹豫地以高价将它买下了。这件事让盛田昭夫茅塞顿开：原来不是产品的问题，是自己销售方式的问题，任何事物对于适用者才有价值，正所谓物尽所值，才能物尽其用。一定得面向能用得到它的人来推销，那样新产品才会畅销。杜拉克认为："有效的领导者能够排除任何影响他们工作的障碍。"任何人都一样，工作中没有障碍几乎是不可能的，但是有效的工作者一定能够克服困难，排除障碍。盛田昭夫无疑是这样的人。

后来，盛田昭夫偶然得知，在一些企业缺少许多速记员，有的公司的速记员不得不经常加班，于是，他马上带着自己的产品去推销，果不其然，很快就有企业大批订货了。一次成功的推销，使他开始认真地研究市场。当时的日本，学习英语的风气已经普及开来，很多学校都开设了英语课。但是当时的英语老师不多，而且学习英语要练习口语和发音，没有一种十分适合学习英语的工具。得知了这种情况，盛田昭夫和井深大针对学校的实际情况，连续废寝忘食了几个昼夜，克服了一个又一个的难题，设计并制造了一种价格低廉、体积小，适合学校使用的磁带录音机，结果在当地的学校大受欢迎。就这样，录音机便迅速普及到全国各地的学校。销路一打开，磁带录音机成了热销货，虽然他们公司一路走来困难重重，他们的公司也一度受到质疑，但是正是这种勇于创新和探索的精神在支撑着他们，他们也因此获得了丰厚的回报，索尼公司由此奠定了一个坚实的基础。

世上没有绝对的事，谁也不是神，没有任何一个领导者能够做到万无一失。在管理过程中，要主动为自己设定工作目标，并不断改进工作方式和方法。遇到问题是正常的，不要退缩，要认真思考，看问题出在哪一步，然后再想出解决的办法。管理中没有绝对的正确，也不会有永远的错误，只有放弃和不断改进后的正确。

社会永不停止变革，时代永不停止进步。顾客会发生变化，市场竞争格局会发生变化，市场地位和占有份额也会发生变化，当然，公司管理方式也会发生变化，而且变化速度之快，常常会让领导者有种应接不暇、无所适从的感觉。由于变化太快，过去很有名望的预测专家都失去了水准，谁也不敢对无法预测的未来妄谈什么。许多缺乏主见的企业家因为害怕莫测的未来而只能紧紧依附于自己的过去。

现实中，大量的实例告诉我们，在这个瞬息万变的时代，公司面临的机遇和挑战是并存的，而且是势均力敌的。市场竞争的格局改变了，顾客的消费方式和选择也变了，变革本身的性质也改变了。最重要的是，变革已经成为大部分公司发展的手段，它普遍而且持续。公司之间的兼并和收购时刻发生，也时刻改变着市场的结构和稳定。新材料、新技术的不断出现，顾客需求和期望的不断上升，使得产品生命周期急剧缩短。所以，现代公司要应对变革的形势必须要领导者学会改变自身。

在带队伍的过程中，领导者要学会应对市场带来的变化，公司要时时刻刻想方法去应对，在应对的同时，公司的决策本身就存在一定风险性，此时，任何人进行决策都有犯错误的可能。一个公司的发展过程，就像一个人的成长，三灾五病，磕磕绊绊，不可能一帆风顺，如果失败了，就一定要承认自己的错误，并且在认真总结后吸取教训。